पयामें इशरत

रचयिता

रघुराज बली

(इशरत इलाहाबादी)

दो शब्द

उस परब्रह्म परमात्मा को कोटिशः धन्यवाद है जिसने कवित्व शक्ति दे कर मायिक जगत की यातनाओं को सहन करने के लिये धृति और दृढ़ता प्रदान की है। इसी उत्कृष्ट साधन के द्वारा मैं दुःख में सुख, क्लान्ति में विश्रांति, नैराश्य में आशा तथा अशांति में शांति पाता हूँ। इसी साधन के द्वारा सम्पूर्ण सृष्टि ही काव्यमय दृष्टिगोचर होती है। कविता ही जीवन का रहस्य बन गई है। इस विभूति के बिना जीवन कितना नीरस बन जाता है कहने की आवश्यकता नहीं।

तदनन्तर मैं श्रद्धेय स्वर्गीय नूहे नार्वी का अत्यंत आभारी हूँ जिन्होंने मुझ भटकते हुये को अपनी शरण में लेकर अपनी विशेष कृपा द्वारा पथ प्रदर्शन करते हुए शिष्य के प्रति अपने सहज औदार्य का परिचय दिया। वह निरंतर मेरी रचनाओं को ध्यानपूर्वक देख कर उसका संशोधन करते रहे। साथ ही साथ काव्य के गूढ़तम रहस्यों का भी उद्घाटन करते रहे। संशोधन कार्य में उनके नैपुण्य एवं योग्यता पर प्रकाश डालना सूर्य को दीपक दिखाना है। एक शब्द को बाद भाषा तथा भाव में वह

चमत्कार एवं प्रांजलता उत्पन्न कर देते थे जिसको देख कर बुद्धि आश्चर्य-चकित रह जाती थी | कम से कम संशोधन करके कविता में ओज़ प्रसाद तथा लालित्य गुण उत्पन्न करा देना उन्ही का कार्य था | इस कथन में कोई अतिशयोक्ति नहीं है, ऐसा मेरा दृढ विश्वास है | हजरते नूहे नार्वी से मेरा परिचय तथा संपर्क एक परम सौभाग्य की बात थी, वस्तुतः मुझे यत्किंचित सफलता प्राप्त हुई, उसके मुख्य कारण मेरे उस्ताद ही थे |

मातृभाषे ! माता की गोदी में आते ही मेरी अमृतवाणी मेरे कर्ण-पुटों में गूँज उठी | आजीवन तेरा मधुमय राग मेरी हृत्तंत्री को झंकृत करता रहा | तूने मेरी ज्ञान-पिपासा को तृप्त किया, संस्कृति तथा धर्म का पाठ पढाया और जीवन को सरसता प्रदान की | मैं तेरा अत्यंत ऋणी हूँ | अस्तु ! जो कुछ मैंने तुझसे तथा अन्यंत्र भी प्राप्त तथा संचित किया उसको स्वरचित पंक्ति पुष्पावलियों में गुम्फित कर अनन्य श्रद्धा और भक्तिभाव से तेरे चरणकमलों में सादर समर्पित करता हूँ | हे मात: तू मेरी इस तुच्छ भेंट को स्वीकार कर ऐसा मंग्लात्मक आशीर्वाद दे कि मेरा अवशिष्ट जीवन भी तेरी सतत उपासना में प्रतिष्ठित हो |

रघुराज बली इशरत इलाहाबादी

पेशलफ़्ज़

स्व० रघुराज बली इशरत इलाहाबादी नांखुदाय सोखन हजरते नूह नार्वी के शागिर्दों में एक थे | इनका जन्म सन १९०० में हुआ | इनके वालिद मुंशी बृज बहादुर लाल साहेब परताब गढ़ में सरकारी मुलाजिम थे | इशरत साहेब कायस्थ पाठशाला बतौर शिक्षक रहे | इनकी ख्वाहिश थी कि इनका दीवान 'पयामे इशरत' हिंदी में छप कर शायरी पसंद लोगों तक पहुंचे लेकिन अपने जीवन काल में यह मुमकिन न हो पाया और ३ जुलाई १९७२ में उनका इंतकाल हो गया |

मैं 'प्रताप चन्द्र' इशरत साहिब का दूसरा पुत्र हूँ और मेरी दिली ख्वाहिश है कि इनके कलामों का साया हो | मेरे दो पुत्र नवनीत कुमार एवं नितिन कुमार हैं | नितिनकुमार ने मेरे इस कार्य को पूरा कराने में बहुत सहयोग किया है |

मैं उन सभी का तहेदिल से शुक्रिया अदा करता हूँ जिन्होंने इस कार्य में सहयोग किया |

प्रताप चन्द्र श्रीवास्तव
एल०आई०जी०/300
गोविंदपुर कालोनी, इलाहबाद,
उत्तर प्रदेश, भारत-211004

ज़ज्बाते ज़नाब हज़रते नूहे नार्वी

रघुराज बली साहब इशरत इलाहाबादी मेरे उन मुमताज शागिर्दों में हैं जिनके कलम को मैं पसंद करता हूँ | यह सन १९३५ में शागिर्द हुए जिसको बीस बरस का जमाना होता है | मौजूं तबत्र्र के लिये छ: साल की मुद्दत बहुत होती है | यह इतनी मुद्दत से शेर कह रहे हैं | इस से अंदाजा होता है कि इनकी मरके सोखन बहुत कुछ है | चूंकि इनका सिलसिला उस्तादी नव्वाब फसीहुल मुल्क हजरते दागे देहलवी से मिलता है इस लिये वही खूबियाँ इनके कलाम में हैं | शोखी, बंदिश की चुस्ती, महाकात, तरकीब अलगरज़ कोई बात ऐसी नहीं जो इनके कलाम में न पाई जाये | मैंने इनके कलाम को देखने की तरह देखा, जांचने की तरह जांचा और वक्तन फवक्तन बजरूरत तरमीम भी की | सामने की गलतियाँ मैंने बहुत कम पाईं | इस्लाह में तरक्की के अल्फाज़ रखे | अलगरज़ एक मुकम्मल शायर कहे जाने के मुस्तहक हैं | इसी बिना पर मेरी अंजुमन सफीनये-अदब के यह सिक्रेटरी मुन्तखब हुये | यह दीवान इनका जो शाया हो रहा है इसमें पहले रुबाईयाँ, फिर ग़ज़लें व कतआत, फिर नज्में हैं | हस्ती के मुताल्लिक रुबाईयाँ और शायरों ने भी लिखीं हैं, लेकिन इन रुबाइयात में खास बात है | ग़ज़लें और नज्में भी खूब हैं | अल्लाह तआला इस

दीवान को मकबूले-खासो-आम करे और इशरत साहब को बहुत दिनों तक जिन्दा रक्खे कि वह उर्दू अदब की इसी इन्हमाक के साथ खिदमत करते रहें।

नूहे नार्वी
नाखुदाय सोखन ताजुशोंयिरा
जानशीने हजरते दागे देहलवी
८ नवम्बर सन १९५५

रुबाइयाते

रुबाइयाते ज़बाने उर्दू

(१)

परलुत्फ़ है पुरलुत्फ़ बयाने उर्दू
अल्लाह रे! अल्लाह रे! शाने उर्दू
मैं हिन्द में पैदा हुई, हिंदी मैं हूँ
कहती है यदि सब से ज़बाने उर्दू

(२)

अल्लाह रे! अंदाजे बयाने उर्दू
समझे जो समझता हो ज़बाने उर्दू
मिल जुल के किया हिन्दुओं मुस्लिम ने बलंद
लहरायेगा ताहश्रे निशाने[२] -उर्दू

(३)

भाषा से निकल कर चलीं हिंदी उर्दू
अतराफ़[३] फूलीं फलीं हिंदी उर्दू

संगम पे मिलीं जिस तरह गंगा जमुना
सांचे में बहम यों ढलीं हिंदी उर्दू

(४)

अल्लाह रे! अल्लाह! बयाने उर्दू
भाषा की ज़बां से है ज़बाने उर्दू
उर्दू को समझ लीजिये जाने हिंदी
हिंदी को समझ लीजिये जाने उर्दू

(५)

उर्दू से कभी सुनिये बयाने उर्दू
हिंदी से कभी पूछिये शाने उर्दू
कश्मीर, दकन, लखनऊ, दिल्ली में हैं गवाह
मशहूर है आलम[४] में ज़बाने उर्दू

१ प्रलय तक २ उर्दू भाषा का पताका ३ चारों ओर ४ संसार

रुबाइयाते-आईनये-हस्ती

(१)

कहती है यही हमसे ज़बाने हस्ती
देखो न मिटे नामो निशाने हस्ती
सौदा करो नेकी का जहाँ में इशरत!
रहने दो युंही गर्म दुकाने हस्ती

(२)

देखे कोई ये साजो-गुदाज़े-हस्ती[1]
जो होश में हो समझे वो राजे हस्ती
पैदा हैं ग़मो ऐश के नग़मे इशरत!
बजता है किस अंदाज़ से साज़े-हस्ती[2]

(३)

क्यों फ़ाश करूं पर्दये-राज़े-हस्ती[3]
हस्ती में रहे नग़मये साज़े हस्ती
बिछता है दमे-मर्ग[4] मुसल्ला[5] इशरत!
पढ़ती है क़ज़ा आके नमाज़े हस्ती

(४)

मतलब से बिछाया गया दामे-हस्ती[6]
चलता न बगैर इसके निज़ामे-हस्ती[7]
सांकीय-अज़ल[8] ने जो दिया ऐ इशरत!
पीना ही पड़ा खलक[9] को जामे-हस्ती[10]

१ संसार की संवेदना २ संसार रूपी बाडन ३ संसार के रहस्य का आवरण
४ मृत्यु समय ५ नमाज़ पढ़ने की दरी ६ संसार का जाल ७ संसार
व्यव्यस्था ८ आदिकाल का मधुदाता ९ संसार १० संसार रूपी मधुपात्र

(५)

लाज़िम नहीं बदनाम हो नामे हस्ती
बन बन के बिगड़ जाय निज़ामे हस्ती
बेकैफ़[१] है ऐसे का बहकना इशरत!
कमज़र्फ[२] पिये किस लिये जामे-हस्ती[३]

(६)

अल्लाह रे! हर नक्शो-निगारे-हस्ती[४]
समझे तो कोई इज्ज़ो-वकारे-हस्ती[५]
ये फूल, ये कलियाँ, ये चमन ऐ इशरत!
नज़रों में फिरे क्यों न बहारे-हस्ती

(७)

पुरखारों[६] पुरआज़ार[७] है ताजे हस्ती
इस शक्ल में क्या फ़िक्रे-खिराज़े हस्ती[८]
तुम उम्रे दोरोज़ा पे हो नाजां इशरत!
पूछेगी क़ज़ा आके मिज़ाजे हस्ती

(८)

देखो जिसे वो मह्वे-सनाये-हस्ती[९]
हस्ती के लिये फ़िक्रे-बकाये-हस्ती[१०]
मैं रूह हूँ मिटने का नहीं है इशरत!
क्या मुझको मिटायेगी अदाये-हस्ती[११]

१ व्यर्थ २ ओछा मनुष्य ३ संसार का मधुपात्र ४ संसार का श्रृंगार ५ संसार का गौरव ६ कंटकाकीर्ण ७ दुखपूर्ण ८ भूमि कर की चिंता ९ संसार की प्रशंसा में मग्न १० संसार में अस्तित्व की चिंता ११ संसार का आव-भाव

(९)

अल्लाह रे! तन्ज़ीमे – शवाबे – हस्ती[१]
पीरी थी निहाँ ज़ेरे-नकाबे-हस्ती[२]
गफ़लत में न मालूम हुआ ऐ इशरत!
कर देगी शराबोर[३] शराबे-हस्ती

(१०)

क्या तज़किरये होशो-हवासे-हस्ती
मुमकिन नहीं हस्ती में क़यासे-हस्ती[४]
है नेस्ती[५] बदनाम अबस ऐ इशरत!
खुद रूह बदलती है लिबासे-हस्ती

(११)

सोचो इसे क्या शै है अज़ाबे-हस्ती
समझो किसे कहते हैं सवाबे हस्ती
इशरत! रहे दुनिया में ख्याले-उक़बा[६]
तालीम ये देती है किताबे हस्ती

(१२)

कायम न रहे होश तो मस्ती क्या है
रुसवाय-ज़हाँ[७] बादापरस्ती[८] क्या है
इस जीने से बेहतर है न जीना इशरत!
नज़रों से जो गिर जाय वो हस्ती क्या है

१ सांसारिक यौवन की व्यवस्था २ संसार के घूँघट पट में ३ लथ-पथ ४ अस्तित्व की कल्पना ५ नश्वरता ६ परलोक का ध्यान ७ संसार में कलंकित करने वाला ८ मदिरापान

गज़लियात

(१)

मिसरा – 'हसरत बरस रही है हमारे मज़ार पर'

हमदो-सना[१] निसार है परवरदिगार पर
क्योंकर न हो बहारे मज़ामी निखार पर।
क्योंकर न हैरत[२] आये दिले-दाग़दार[३] पर
छाई हुई खिज़ां है हमारी बहार पर।
इखफाय-राज़[४] हो न सका उनके सामने
क्या अखतियार गिरीअये-बेअख्तियार[५] पर।
वो मुझसे कह रहे हैं कि दिल मुझको दीजिये
मैं अर्ज कर रहा हूँ कि किस ऐतबार पर।
मुरझा के फूल कहते हैं गुंचों से बार बार
फूलों न तुम चमन की दोरोज़ा बहार पर।
शायद इसी निशान से पहचान ले कोई
रोती है मुझको मेरी तमन्ना[६] मज़ार पर।
इशरत ! इसी उमीद ने मुझको किया तबाह
होती है जीत इश्क की बाज़ी में हार पर।

१ गुरगानुवाद २ आश्चर्य ३ छालों से भर हृदय ४ रहस्य छुपाना ५ विवश रोदन६ कामना

(२)

मिसरा- 'हमारी तर्जुमाने दिल निगाहे वापसी होती'

ये अरमाँ था कि गुल खिलते शराबे-आतशीं[१] होती
बरसते चर्ख से फूल और फूलों की ज़मी होती।
अगर ऊंची न ज़ालिम की निगाहे-शर्मगीं[२] होती
न चक्कर चर्ख खा सकता न गर्दिश में ज़मीं होती।
मज़ा जब था कि पहुँचाती वहाँ दीवानगी[३] मुझको
जहाँ गर्दू महब्बत का, तमन्ना की ज़मीं होती।
तमन्ना थी लुटाते हम दूरे-अश्क [५] उनकी राहों में
जहाँ भी वो कदम रखते सितारों की ज़मीं होती।
गुबारे-राह[६] बन कर चारसू आलम में क्यों फिरता
मयस्सर उसके कूचे में अगर दो गज़ ज़मी होती।
अगर बरबाद कर देती हवाये-आरज़ू[७] मुझको
तो ये हस्तीय-रुसवा[८] किस लिये बारे-ज़मीं होती।
सरे-बाली[१०] गुज़र होता जो उस रश्क के मसीहा[११] का
चहारुम चर्ख से ऊंची मेरे घर कि ज़मीं होती।
जो आते जाते ठुकराते वो मदफ़न[१२] खाकसारों का
बजाये आसमां छाई हुई सर पर ज़मीं होती।

रियाजे-दह्र[1] में कब नख्ले-दिल[2] बेहतर समर[3] लाया
यक़ीनन अच्छे फल होते, अगर अच्छी ज़मीं होती।
पये- गुलगश्त[4] अगर आता न वो गुलज़ारे-आलम[5] में
न फ़ीरोज़ी[6] फ़लक होता न सबज़ारू[7] ज़मीं होती।
उड़ाते खाके-सहरा[8] जोश में आकर जो दीवाने
फ़लक पर इक फ़लक होता, ज़मीं पर इक ज़मीं होती।
वदीयत[9] इसमें है दैरो-हरम[10] की अज़मते[11] इशरत!
न क्यों मसजूदे-आलम[12] उसके कूचे की ज़मीं होती।

१ लाल मदिरा २ लज्जा रही दृष्टि ३ उन्माद ४ आकाश ५ अश्रु रूपी मोती ६ पथ की धूल ७ लालसा की वायु ८ कलंकित अस्तित्व ९भूमि भार १० सिरहाने ११ ईसा मसीह को ईर्षित करने वाला (वैद्य) १२ समाधि

१संसार रूपी उद्यान २हृदयरूपी वृक्ष ३फल ४पुष्प वाटिका में विहार करने हेतु ५संसार रूपी उद्यान ६नीला ७हरी ८मरुभूमि की धूल ९केन्द्रित १०मन्दिर मस्जिद११मर्यादायें

(३)

मिसरा-'कुछ मुझको शिकायत है, कुछ उनको शिकायत है' |

किस हुस्ने-मुजस्सिम का या जलवये-फितरत[१३] है
तस्वीरे-मजाज़ी भी तस्वीरे – हकीकत है |
ऐ शमअ न समझा आगाज़े में परवाना
जल भुन के फ़ना होना अंजामे-महब्बत है |
ये किसकी तजल्ली[१५] ने की शोब्दापरदाज़ी[१६]
हस्ती का हर इक ज़र्रा आईनये-हैरत[१७] है |
दिल थामे हुए आये वो मेरी अयादत को
ये जज्बे-महब्बत का इक हुस्ने-करामत है |

१२ विश्व द्वारा पूजित १३ प्रकृति का तेज १४ माया चित्र १५ तेज १६ चमत्कार
१७ आश्चर्य दर्पण

वफ़ाओ इश्क में इज़ातलब[1] दिल होता जाता है
तेरे जौरो जफ़ा सहने के काबिल होता जाता है|
तेरा दिल पेशे-आईना[2] मेरा दिल होता जाता है
तमाशा है कि कातिल खुद ही बिस्मिल होता जाता है|
मआज़ अल्लाह! उल्फ़त की परेशानी मआज़ अल्ला!
कि जीना कह्र था, मरना भी मुश्किल होता जाता है|
घड़ी में कुछ, घड़ी में कुछ, घड़ी में कुछ, घड़ी में कुछ
दिगर्गूँ[3] रफ़्ता रफ़्ता रंगे महफिल होता जाता है|
ठहराना यास[4] का दिल में, निकलना दिला अरमां[5] का
वो आसां होता जाता है, ये मुश्किल होता जाता है|
लड़ाये जा अरे साकी ! निगाहों से निगाहों को
मुझे पीने का यूँही लुत्फ़ हासिल होता जाता है|
ये आखिर माज़रा क्या है, बता ऐ नाखुदा[6] मुझको
कि जैसे जैसे बढ़िये दूर साहिल होता जाता है|
करामत[7] हुस्न कि या मोजज़ा[8] कहिये महब्बत का
कि ज़र्रा ज़र्रा मेरी खाक का दिल होता जाता है|
ज़ियाये- हुस्न[9] से मिल कर ज़ियाये-इश्क[10] फैलेगी
पतंगा शमआ से महफ़िल में वासिल[11] होता जाता है|

१दु:ख का प्रेमी २ दर्पण के समक्ष ३ डावांडोल ४ निराशा ५ कामना ६ नाविक ७ कौतुक ८ चमत्कार ९ छवि का प्रकाश १० प्रेम का प्रकाश ११ लीन

(५)

मिसरा – 'जो न लिखवाये कोई लिख दे मेरी तक़दीर में'

ठोकरें खाता रहूं हरम रहे-तदबीर में
लिखने वाले ने ये लिखा है मेरी तक़दीर में।
महव[१] है यों दिल हमारा हुस्ने-आलमगीर[२] में
जैसे खो जाये पतंगा शमअ कि तनवीर[३] में।
देखने की चीज़ है किल्के-मुसव्विर[४] का कमाल
इश क़ का खिंचा है नक्शा हुस्न की तस्वीर में।
ज़ोशे-वहशत[५] में कहीं दम भर रुकें हम क्या मजाल
एक गर्दिश पाँव में है, दूसरी तक़दीर में।
नावके-दिलदोज़[६] आ निकला जो पहलू की तरफ़
दिल सिमट कर हो गया पैवस्त नोके-तीर में।
किसके दीवाने का मातम कर रही है बेकसी[७]
गुल के बदले खामुशी है खानये-ज़ंजीर[८] में।
खून के आंसू भी निकले आशिक़ी में काम के
रंग भरता हूँ इन्ही से हुस्न की तस्वीर में।
सोच ले तू पहले, फिर खींच इसको ऐ नावक-फ़िगन[९]
दिल न पहलू से निकल आये सिमट कर तीर में

(६)

शफ़क फूली, फूलों से भर गया दामन गुलिस्ताँ का
जमा अर्ज़ो-समां[१] पर रंग यों खूने-शहीदां[२] का।
मुसलसल[३] क्यों न किस्सा हो शब-तारीके-हिजरां[४] का
कि इस कमबख्त पर साया पड़ा है जुल्फ़े-पेचां का।
हुआ फूलों के दामन तक रसा आहिस्ता आहिस्ता
तरक्की करते करते चाक[६] वहशी के गरेबां[७] का।
बहल जाता है दीवाना दिल अकसर इसके खुलने से
मेरा चाके-गरेबां है कि दरवाज़ा है जिन्दां[८] का।
कहीं जाऊं पहुँच जायेंगे मेरे ढूँढने वाले
मकां से दश्त[९] तक है सिलसिला तारे गरेबां का।
हमारी चाक-दामानी[१०] पे गुल बेकार हँसते हैं
उन्हें लाज़िम है देखें चाक खुद अपने गरेबां का।
लबों पर मुह्र कर दी थी तेरी शर्मीली आँखों ने
ज़बां क्या ज़िक्र करती हश्र में आज़ारे-पिन्हां[११] का।
वहीं जोशे-जुनूँ[१२] ने बढ़के चूमा दस्ते-वहशत[१३] को
कदम आगे बढ़ा दामन की हद से जब गरेबां का।
हरम से दैर तक फैली है जिसकी रोशनी इशरत!
अज़ल से दिल है परवाना उसी शमये-फ़रोज़ां[१४] का।

१ पृथ्वी-आकाश २ शहीदों का खून ३ श्रृंखला-बद्ध ४ अंधकारमय विरह-रैन ५ पहुँचने वाला ६ वीर ७ जामा का वह भाग जो गले के नीचे रहता है ८ कारागार ९ जंगल १० दामन का फटना ११ गुप्त दु:ख १२ उन्माद का वेग १३ उन्मत्त कर १४ प्रकाशित दीपक

(७)

ले लिया सब हुस्न का इलज़ाम हँसते बोलते
इश्क वाले कर गये क्या काम हँसते बोलते।
आते जाते, बैठते उठते, महब्बत हो गयी
बन गया मुश्किल से मुश्किल काम हँसते बोलते।
जिससे हासिल हो मुझे फिक्रे-दो आलम[१] से नजात
दे दे साकी! वो छलकता जाम हँसते बोलते।
जान ले बिजली गिरा कर, ज़िन्दा करदे कहके कुम[२]
हुस्न के हैं बस यही दो काम हँसते बोलते।
गुंचे अफ़सुर्दा[३] हैं, सौसन कि ज़बां भी है ख़मोश[३]
देख, सुन कर तुझको ऐ गुलफ़ाम[४] हँसते बोलते।
शौक़ से पी लूँगा उसको जान कर आबे-हयात[५]
तुम जो दोगे ज़हर का भी जाम हँसते बोलते।
आँख मिलनी थी कयामत मेरे दिल पर आ गई
हो गया आगाज़[६] ही अंजाम[७] हँसते बोलते।
मौत है तेरे इशारों में कनखियों में हयात[८]
हर नज़र करती है क्या क्या काम हँसते बोलते।
हर घड़ी आँखों के आगे वो हंसी रहने लगा
इशरत! अब होती है सुबहो-शाम हँसते बोलते।

१ लोक परलोक की चिंता २ 'उठ!'(यह शब्द कर ईसा मृतक को पुन: जीवित कर देते थे) ३ मुरझाये हुए ४ गुलाब के सामान अर्थात् प्रेम पात्र ५ अमृत ६ आरंभ ७ अंत ८ जीवन

(८)

पिला मुझको साक़ी शराबे महब्बत
कि हो जाय दिल आफ़ताबे-महब्बत[१]।
ये छेड़ा है किसने मेरे साज़े-दिल[२] को
कि गूंजी सदाये-खाबे-महब्बत[३]।
मेरे दिल को करता है क्या खून पानी
ज़रा सब्र ! ऐ इज़तराबे – महब्बत[४]।
मुझे मेरी उम्रे-रवां[५] साथ ले चल
कि मैं भी हूँ पा-दर-रकाबे-महब्बत[६]।
उन्हें देके दिल जान भी अपनी दूंगा
चुकाऊँगा मैं यों हिसाबे – महब्बत।
रहें मुझपे लुत्फ़ो-करम की निगाहें
इलाही न देखूँ इताबे – महब्बत[७]।
नज़र उनको लाखों में पहचान लेगी
बड़ी चीज है इंतखाबे – महब्बत[८]।
जहाँ से भी औराके – दिल[९] को उलटिये
वहीं से है आगाज़े – बाबे – महब्बत[१०]
तहे-खाक[११] इशरत! ये आलम है दिल का
कि हर ज़र्रा है आफ़ताब – महब्बत।

१ प्रेम का सूर्य २ हृदय वादन ३ प्रेम वादन का शब्द ४ प्रेम की विह्लता ५ प्लायमान आयु ६ रिकाब में पाँव रखे हुए अर्थात द्रुत गामी ७ प्रेम का क्रोध ८ प्रेम निर्वाचन ९ हृदय के पन्ने १० प्रेम प्रकररग का आरम्भ ११ भूमि के नीचे(मृत्यु पर्यंत)

(९)

क्या बताऊँ क्या कहूँ क्या लुत्फ़ मैख़ाने में है
रोज़ शीशे की परी का रक्स पैमाने में है |
क्या दोरंगी का मज़ा साक़ी के मैख़ाने में है
लुत्फे शीरीनीब तलखी एक पैमाने में है |
वो न जामे-जम[१] में देखी, वो न कौसर[२] में मिली
जो मये पुस्कैफ़ मेरे दिल के पैमाने में है
महफ़िले साक़ी में क्योंकर आये मुझ तक दौरे-जाम
एक गर्दिश बख्त में, एक पैमाने में है |
ज़ोहदो-तक़वा[३] पर गिरी बिजली फ़लक से टूट कर
सच बता मै है कि साक़ी बर्क[४] पैमाने में है |
हम सियहमस्तों[५] का वमयज़ मज़हबो-मशरब न पूछ
दीन मैखाने में है, ईमान पैमाने में है |
देखते ही हज़रते मूसा के भी उड़ जायें होश
बर्के-सीनाई[६] का जलवा मेरे पैमाने में है |
देखिये अन्दाज़ये-मीज़ाने-चश्‍मे-मैफ़रोश[७]
जिसका जितना ज़र्फ़[८] उतनी उसके पैमाने में है |
ध्यान उस पीरे-मुगां[९] का मुझको है आठों पहर
जिसके मैख़ाने की इशरत मेरे पैमाने में है |

१जमशेद का पिआला जिसमें संसार दिखाई देता था २ स्वर्ग की मदिरा ३ त्याग-वैराग्य ४ विद्युत् ५ पाप-निष्ठ ६ तूर (पर्वत) पर गिरने वाली विद्युत् ७ मधु विक्रेता के नेत्रों की तुला का माप ८ मधु पात्र ९ मधु विक्रेता

(१०)

मिसरा – नक़ाब उठा के बदल दो फ़िज़ा ज़माने की

रंगी है खून से दीवार कैदखाने की
ज़माना देखे ये सुर्खी[१] मेरे फ़िसाने[२] की।
लगेगी उनको हवा जिस घड़ी ज़माने की
तो सीख जायेंगें चालें वो दिल दुखाने की।
निगाहें-नाज़[३] की देखी हैं गर्दिशें[४] मैंने
मेरी नज़र में हैं नैरंगिया[५] ज़माने की।
गज़ब है छुप के बैठा है लाख पर्दों में
निगाहें ढूंढ रही हैं जिसे ज़माने की।
जलाके नाम ज़माने में कर दिया रौशन
बढ़ाई बर्क[६] ने तौकीर[७] आशियाने[८] की।
ज़माना रूठ गया मुझसे तू जो रूठ गया
तेरी नज़र ने बदल दी नज़र ज़माने की।
नज़र जो लड़ गयी साक़ी की मस्त नज़रों से
खिंच आई आँखों में मस्ती शराब खाने की।
तुम्ही हंसी हो, तुम्हीं महजबीं[९] ज़माने में
भरी तुम्हीं में हैं सब शोखियाँ ज़माने की।

१ शीर्षक २ कहानी ३ प्रेम पात्र की दृष्टि ४ चलना फिरना ५ परिवर्तन ६ विद्युत् ७ मर्यादा ८ घर या घोंसला ९ चंद्रमुखी १० कान्ति

असर से काम लिया इस तरह असीरों[1] ने
फ़ुगां[2] से हिल गयी बुनियाद कैदखाने की।
गुले-मुराद[3] से इक इक ने भर लिया दामन
मुझी को रास[4] न आई हवा ज़माने की।
कलाम क्यों न हो मक़बूले-आम[5] ऐ इशरत!
ज़बां है ख़ास तेरी दाग़ के घराने की।

(११)

दिखा ऐ जोशे-वहशते[6] वो तमन्ना का असर मुझको
रहे बेताबियाँ यकसां उधर उनको, इधर मुझको।
सरूरे-बादये-उलफ़त[7] भी कैफ़े-हुस्न[8] है शायद
नहीं उनकी ख़बर उनको, नहीं मेरी ख़बर मुझको।
रूखे पुरनूर पर जुल्फ़े-सियह का वाह क्या कहना
नज़र आती है शामे-ग़म में इशरत[9] की सहर मुझको।
अगर मंज़ूरे खातिर हो तमाशा रक्से-बिस्मिल[10] का
तो देखा तुम बनाकर जख़मिये–तीरे नज़र मुझको।
वो सीधी हो कि तिर्छी चैन लेने ही नहीं देती
क़यामत है बहर सूरत हसीनों की नज़र मुझको।

१ बंदी गरग २ उच्छ्वास ३ कामना पुष्प ४ मंगलप्रद ५ सर्व मान्य ६ उन्माद का वेग ७ प्रेम मदिरा की मादकता ८ छवि की मादकता ९ आनन्द १० घायल का तड़पना

तमन्ना थी फ़नाये-इश्क[1] होकर खाक हो जाता
बजाये सुर्मा रखते आँख में अहले-नज़र मुझको।
ये पैहम बेकली, ये बेकसी, ये बेबसी तौबा!
हुई जाती है शामे-ग़म क़यामत की सहर मुझको।
जिलाना, मारना, बेहोश करना, होश में लाना
दिखाती है निगाहे-नाज़ भी क्या क्या असर मुझको।
सना-ख्वा[2] क्यों न हूँ मैं उस खंदगे-नाज़[3] का इशरत!
मिली जिसकी बदौलत लज्जते-दर्दे-जिगर[4] मुझको।

(१२)

मिसरा – दीवाना है दीवाना है हुशियार नहीं है।

मिलने से तुझे भूल के इक़रार नहीं है
हाँ भी तो हो इक बार जो सौ बार नहीं है।
जामे-मये-उलफ़त[5] से जो सरशार नहीं है
बेहोश है, गाफ़ल है, वो हुशियार नहीं है।
हैरां है अबस देख के ऐ चश्मे तमन्ना[6]
धोका है फ़क़त जलवये-दीदार[7] नहीं है।
ऐ राहरवे-इश्क[8] क़दम जांच के रखना
क्या दश्तो-बियाबां[9] में कोई खार नहीं है।

१ प्रेम में मिट जाना २ प्रशंसक ३ प्रेम बाण ४ हृदय की पीड़ा का आनंद ५ प्रेम मदिरा का पात्र ६ अभिलाषा पूर्ण नेत्र ७ इष्ट देव के दर्शन का प्रकाश ८ प्रेम-मार्ग पथिक ९ बन

मैं हुस्न के बाज़ार में दिल बेच रहा हूँ
यूसुफ़[१] का मगर कोई ख़रीदार नहीं है।
पैमाने-वफ़ा[२] टालते हो रोज़े-ज़ज़ा[३] पर
क्या फितनये-महशर[४] अभी बेदार[५] नहीं है।
मस्ते-मये-उलफ़त[६] के निराले हैं मरातिब[७]
जो रिंद[८] समझता है वो हुशियार नहीं है।
आशिक का लहू क्या जो न शमशीर से टपके
जो खून में डूबी न हो तलवार नहीं है।
जिसको ग़में-जावेद[९] मुयस्सर नहीं इशरत!
वो ऐशे-दवामी[१०] का सज़ावार[११] नहीं है।

(१३)

नज़र उठा और देख गाफ़िल कि जलवये-हक़[१२] मजाज़ में है
वही नुमायाँ है आईने में जो हुस्न आईना-साज़[१४] में है।
ये मान ऊदो-रबाब[१५] में है, वो नै[१६] में है, नै-नवाज़[१७] में है
मगर तवज्जोह से आप सुनिये तो नग़मा दिल के भी साज़ में है।
किसी बज़्मे-तरब[१८] में जा कर खुली हकीकत ये मेरे दिल पर
सुरूर जो दौरे-जाम में है वो गर्दिशे-चश्मे-नाज़[१९] में है।

१ एक गुलाम जिस को मोहित हो कर यूसुफ जुलेखा ने खरीद लिया था २ प्रेम प्रतिज्ञा ३ न्याय दिवस ४ प्रलय का उपद्रव ५ जागृत ६ प्रेम मदिरा से उन्मत ७ पद ८ स्वेछाचारी ९ स्थाई दुःख १० शाश्वत आनंद ११ अधिकारी १२ ईश्वर का प्रकाश १३ माया रूप संसार १४ दर्पणकार १५ दो वादनों के नाम १६ बाँसुरी १७ बाँसुरी बजाने वाला १८ आनन्द गोष्ठी १९ प्रेम-पात्र के नेत्रों का संचालन

तमाम दैरो हरम के जलसे है हुस्नो-उलफ़त ही के करिश्मे
कहीं तो है जलवा आशिकारा[1], कहीं पे तन्ज़ीमे-साज़[2] में है।
हिजाबे शर्मो-हया उठाओ, नज़र न आशिक से तुम चुराओ,
चूमो के दिल में उसे निकालो जो हौसला चश्मे-नाज़ में है।
मिटेगी उलझन हमारे दिल की, हमें हो उम्मीद क्योंकर इसकी
अभी तो सुलझी नहीं वो गुत्थी जो उनकी ज़ुल्फे-दराज़[3] में है।
किसी के हुस्ने-क़दम के नक़्शे बने हैं दैरो - हरम के जलवे
इधर हज़ारों का एक सिजदा मेरी जबीने-नयाज़[4] में है।
अज़ल में जिसने इसे संवारा उसी का जलवा है आशिकारा
दिल अपना हमदम वो आइना है जो दस्ते-आइना-साज़[5] में है।
मुगायरत उनको, दिल को हसरत, उधर है नफ़रत, इधर है उलफ़त
निभे महब्बत तो खाक इशरत! वो नाज़ में, ये नयाज़ में है।

(१४)

मिसरा-'खुल गयीं आँखें हमारी रूय-ज़ेबा देख कर'।

तेरी बज़्मे-नाज़ में बैठे थे हम क्या देख कर
और उठे मरने-जीने का तमाशा देख कर।
जौरे-बेजा[6] उनका देखा लुत्फे-ज़ेबा[7] देख कर
हमने आँखें बंद कीं दुनिया में क्या क्या देख कर।

१ प्रकट २ ३ लंबे केश ४ प्रेम पूर्ण मस्तक ५ आईना बनाने वाले का हाथ ६ अनुचित क्रूरता ७ सुंदर कृपा

अल्ला अल्ला ! इज़्तराबे-ग़मे[१] का वज्दानी-ख्याल[२]
उनको भी हाल[३] आ रहा है हाल मेरा देख कर |
जोशे-ग़म बढ़ता है अपना वक्ते-गिरिया[४] और भी
दिल लिया करता है लहरें मौजे-दरिया देखकर |
याद आती हैं किसी के हुस्न की रानाइयाँ[५]
चाँदनी रातों में फूलों का संवरना देख कर |
जान कर तौबा-शिकन[६] बनता तो बेशक था गुनाह
कब बजा थे होश मेरे रंगे-सहबा[७] देख कर |
जलवये-दीदारे-लैला[८] कह्र ढाता और भी
कैस बेखुद हो गया महमिल का पर्दा देख कर |
हासिले-राहे-वफ़ा[९] हैं आबला-पाई[१०] मेरी
क्यों न मैं रक्खूं क़दम सहरा में काँटा देख कर |
जलवये-दीदार भी था इक फ़रेबे-चश्मे-शौक़[११]
ग़श थे मूसा तूर पर क्या जानिये क्या देख कर |
अल्ला अल्ला ! उनकी चश्मे-मस्त की बदमास्तियाँ
हो गया रंग और मेरा रंगे-सहबा देख कर |
लालओ-गुल कुछ नहीं, शम्सो-कमर[१२] भी कुछ नहीं
क्या इन्हें देखूँ तुम्हारा रूप- जेंबा [१३] देख कर |
जलवये-मकसूद[१४] से इशरत! हूँ मुतमइन
अपने अरमानों की दुनिया में उजाला देखकर |

१ दुःख विवह्लता २ विवशकारी विचार ३ उद्धविनता से झूमना ४ रुदन के समय ५ सौन्दर्य ६ प्रतिज्ञा भंग करने वाला ७ मदिरा का रंग ८ लैला के रूप दर्शन की छवि ९ प्रेम मार्ग की लब्धि १० पाँव में छाले पड़ जाना ११ प्रेम पूर्ण नेत्रों का धोका १२ सूर्य तथा चन्द्र १३ सुंदर मुख मंडल१ मनोवांछित प्रकाश

(१५)

रोज़े अज़ल से मैं हूँ तमन्ना लिये हुये

रोज़े अज़ल से मैं हूँ तमन्ना लिये हुये
दुनिया है मेरी हासिले-दुनिया[२] लिये हुये।
है दिल का दाग़ हुस्न का जलवा लिये हुये
यानी चराग़ो-दैर[३] है काबा लिये हुये।
खुमखानये-शफ़क[४] छलकता है कैफ़े-ग़म[५]
शामे-फ़िराक़[६] आयी है सहबा लिये हुये।
मैं आलमे-ख़याल[७] में आलम से बेख़बर
बैठा हुआ हूँ इक नई दुनिया लिये हुये।
ऐ चश मे-शौक देख वो जलवा कहाँ नहीं
हर आइना है हुस्न की दुनिया लिये हुये
जन्नत-परस्त[८] ज़हिदे-नादां को क्या कहूँ
दुनिया से दूर बैठा है उक़बा[९] लिये हुये।
मर कर दिल में है ख़ालिशे-खारे-आरज़ू[१०]
उठूँगा रोज़े-हश्र ये काँटा लिये हुये।
शामे-अलम भी हो गयी 'इशरत' को सुबहे-ईद[११]
एक एक ग़म है इशरते-दुनिया[१२] लिये हुये।

२ संसार की सिद्धि ३ मंदिर का दीपक ४ प्रात: सायं लालिमा रूपी मधुशाला ५ दु:ख की मादकता ६ विरह की संध्या ७ विचार मग्न दशा ८ स्वर्ग का भक्त ९ परलोक १० अभिलाषा कंटक की वेदना ११ ईद की रात्रि की प्रात: १२ संसार का आनंद

(१६)

मुझे डर है क़यामत तेरा नज़्ज़ारा न हो जाये
ज़माना का ज़माना चाहने वाला न हो जाये।
कहीं तू आप अपने हुस्न पर शैदा न हो जाये
जो मेरा हाल है उलफ़त में वो तेरा न हो जाये।
ठहर जाना भी पलकों में कोई शर्ते महब्बत है
वो आंसू क्या जो बह कर सूरते-दरिया न हो जाये।
बयाने-दर्दो-ग़म उनसे करूँ मैं किस तवक्को[1] पर
वफ़ा का तज़किरा भी शिकवाये-बेजा[2] न हो जाये।
मुझे हर वक्त क्या क्या वहम[3] आते हैं महब्बत में
कहीं ऐसा न हो जाये, कहीं वैसा न हो जाये।
लिहाज़ इतना तो वहशत में निगाहे-शौक़ लाज़िम है
हया की हद से बाहर हुस्न का पर्दा न हो जाये।
निगाहों पर चढ़ाकर फिर निगाहों से गिराना क्या
हमारे दिल की दुनिया तहो-बाला[4] न हो जाये।
क़दम ऐ अबला-पा[5] कुछ समझ कर, सोच कर रखना
कहीं राहे-वफ़ा में फूल भी काँटा न हो जाये।
गुले-मक़सद[6] के बदले सैकड़ों खारे-तमन्ना[7] है
चमन-ज़ारे-महब्बत[8] अब कहीं सहरा न हो जाये।

१ आशा २ अनुचित उलाहना ३ संदेह ४ नीचे ऊपर ५ छालों से भरे पाँव वाला ६ कामना के पुष्प ७ प्रेम के कांटे ८ प्रेम बाटिका ९ वन

(१७)

हम अपने घर में आपको मेहमां न कर सके
सहरा[१] को गुल खिला के गुलिस्ताँ न कर सके।
अच्छा हुआ कि चाक गरेबां न कर सके
उनको भी अपने साथ पशेमां[२] न कर सके।
आई बहार और असीरी[३] हुई नसीब
हम आँख भर के सैरे गुलिस्ताँ न कर सके।
गुलशन में देख कर मुझे शर्मायें क्यों न गुल
मेरी तरह वो चाक गरेबां न कर सके।
मुहरे-वफ़ा[४] थी लब पे तो दिल पर था रोबे-हुस्न[५]
हम अर्ज़े-मुद्दा[६] किसी उनवां[७] न कर सके।
एहसाने-हुस्न इश्क़ को लेना महाल था
मैं खुश हूँ आप दर्द का दर्मां[८] न कर सके।
दैरो हरम का दह्र से झगड़ा न हुआ दूर
हिन्दू न कर सके, ये मुसलमां न कर सके।
चाहूँ तो बुतकदे को बनाऊं अभी हरम
सिजदा वो क्या जो कुफ़्र[९] को इमां[१०] न कर सके।
ज़िन्दा रहे किसी की जफ़ायें भी झेल कर
हम इश्क में ये कारे-नुमायाँ[११] न कर सके।

१ वन २ लज्जित ३ बंधन ४ सहृदयता की मूकता ५ रूप की धाक ६ कामना का प्रकट करना ७ दशा ८ चिकित्सा ९ अधर्म १० धर्म ११ महान कार्य

ऐ बेखुदिये-इश्क[1] गज़ब तूने ढा दिया
अपने को खोके उनको नुमायाँ[2] न कर सके।
इशरत कदे[3] में हज़रते इशरत हों शाद क्या
दिल को किसी का ताबये-फ़र्मा[4] न कर सके।

(१८)

न देखी मुतमइन हो कर बहारे-बेखिजां[5] हमने
चमन में कहने सुनने को बनाया आशियाँ हमने।
खुदा जाने बिगाड़ा क्या तेरा ऐ आसमां हमने
गिराई बर्क जिस डाली पे रक्खा आशियाँ हमने।
मुखालिफ़ बर्क, दुश्मन बागबाँ, बदख्वाह सर-सर[6] भी
हज़ारों आफ़तें सर लीं बनाकर आशियाँ हमने।
मुकद्दर में लिखा था लिखने वाले ने बिगड़ जाना
बनाया किस तवक्को पर चमन में आशियाँ हमने।
यही डर था कहीं खटके न शक्ले-ख़ार नज़रों में
कभी फूलों से गुलशन में न छाया आशियाँ हमने।
अज़ल से इसकी किस्मत का हमीं पर फ़ैसला ठहरा
संवारा आशियाँ हमने, उजाड़ा आशियाँ हमने।

१ आसक्ति की मुग्धावस्था २ प्रकट ३ आनन्द भवन ४ अनुशासन बद्ध ५ पतझड़ से रहित वसंत ऋतू ६ झंझावात ७ काँटों के समान

परीशां हो गया सैयाद[१] भी इस हुस्ने कोशिश पर
उधर उजड़ा, इधर फिर से संवारा आशियाँ हमने।
खिज़ा में बादे-सरसर[२] ने किया था मुन्तशिर[३] जिनको
उन्हीं तिनकों को चुन चुन कर बनाया आशियाँ हमने।
उड़ा लाये चमन से चार तिनके अब सबा[४] शायद
कि बाँधा है असीरा[५] में ख़याले-आशियाँ[६] हमने।
तवज्जोह जब न बिजली की न कुछ सैयाद की देखी
खुद अपनी आहे-सोज़ा[७] से जलाया आशियाँ हमने।
बहार आयेगी फिर बादे-खिजां गुलशन में ऐ इशरत
इसी उम्मीद पर छोड़ा न अपना आशियाँ हमने।

(१९)

महब्बत में हुआ ज़ाहिर, करिश्मा[८] देख कर दिल का
यही रहरो, यही रहबर, यही जादा[९] है मंजिल का।
रगे-जां[१०] बन गयी आकर निगाहे-नाज़[११] पहलू में
निकल सकता नहीं काँटा मेरे दिल से मेरे दिल का
न ऐसी दिललगी देखी, न ऐसी दिलकशी देखी
जो आया तेरी महफ़िल में, हुआ वो तेरी महफ़िल का।

१ चिड़ी मार २ झंझावात ३ छिन्न भिन्न ४ मलय समीर ५ बंधन ६ घर का विचार ७ तप्त उच्छ्वास ८ चमत्कार ९ पथ १० हृदय की धमनी ११ प्रेम-मय दृष्टि

किसी नीची नज़र पर ज़ोर क्या था, कुछ न था शायद
समां देखा किया मैं खाक में मिलते हुये दिल का।
नज़र से लड़ रही है पेशे-आईना[1] नज़र उनकी
तमाशा देखिये है सामना कातिल से कातिल का।
निगाहे-मस्त की गर्दिश पे कुछ अपनी तवज्जोह कर
उड़ा जाता है साक़ी रंग ही महफ़िल से महफ़िल का।
बराये इम्तहां मुमकिन हो तो या जांच भी कर लो
कि निकलेगा निकाले से कोई अरमां मेरे दिल का।
हबाबे-बहरे-उलफ़त[2] हूँ उभर कर मुझको मिटना है
कि हर मौजे-फ़ना[3] मेरे लिये दामन है साहिल का।
रुकी साँस और रहरों[4] जल्द दुनिया से अदम[5] पहुँचा
नहीं कुछ फ़ासला इस राह में मंजिल से मंजिल का।
नहीं है मुनहसिर[6] अनवार[7] हर्गिज़ दैरो-काबा[8] पर
अगर दिल साफ़ हो तो आइना है उसकी महफ़िल का।
दिखाई देगी बज़्मे-यार इशरत ! खाक में मिल कर
निशाँ मिलता है राहे-इश्क में मंज़िल से मंज़िल का।

१ दर्पण के समक्ष २ स्नेह सागर का बुद बुद ३ विनाश की लहर ४ पथिक ५ परलोक ६ निर्भर ७ प्रकाश पुंज ८ मंदिर तथा काबा

(२०)

जो रंग है चमन का वो नापायदार[१] है
सावन की धूप-छाँव उरूसे-बहार[२] है |
गुल सुर्ख, बर्ग सब्ज़, हवा मुश्कबार[३] है
रंगीनिये चमन में तिलिस्मे-बहार[४] है |
देखो तो दिल में आके कभी दाग़हाय-दिल
जिसको खिज़ां का डर नहीं वो ये बहार है |
तू जायेगा तो जाके फिर आ आजायगी खिज़ां
तेरे ही दम क़दम से चमन में बहार है |
इक रंग पर रहे चमने-दह्र[५] क्या मजाल !
अक्सर यहाँ खिज़ां है तो अक्सर बहार है |
सहने-चमन में क्यों न हों बर्पा क़यामतें
महवे-ख़रामे-नाज़[६] उरूसे-बहार है |
बाग़े-जहाँ में गुंचये दिल भी मेरा खिले
ऐसी बहार हो तो मुकम्मल बहार है |
साक़ी था, खुम[७] भी, रिंद[८] भी, शगुले-शराब[९] भी
हो ये समां जहाँ वहीं लुत्फे-बहार है |

१ अस्थिर, क्षणिक २ बहार रूप दुल्हन ३ सुगंधमय ४ बहार का जादू ५ संसार वाटिका ६ हावभाव से पदार्पण में मग्न ७ मधुघट ८ मदिरापान करने वाले ९ मद्यपान

रंगे-निशाते-दह्र[1] का कायल नहीं हूँ मैं
बेएतबार[2] हुस्ने उरूसे-बहार है।
रानाइयां[3] किसी की ज़माने पे छा गयीं
जिस समत देखिये उसी जानिब बहार है।
रंगी हो क्यों न बज़्म में इशरत! तेरा कलाम
फूले फले चमन में निराली बहार है।

(२१)

सितमगर अब कर्म फ़र्मा रहा है
महब्बत का सिला दिल पा रहा है
कोई भूला हुआ याद आ रहा है
कि दिल पहलू में तडपा जा रहा है
खुदा रक्खे तुझे हुस्ने-तवौहुम
गुमां होता है कोई आ रहा है।
बगूला ये नहीं दोशे-हवा[5] पर
मेरे दिल का जनाज़ा जा रहा है।
मेरा दिल हो रहा है खूगरे-ग़म[6]
मसर्रत[7] का ज़माना आ रहा है।
नज़र आये न क्योंकर सोज़[8] में साज़[9]
मेरा अफ़साना वो दुहरा रहा है।

१ संसारिक सुख की रूप रेखा २ अनिश्चित ३ सुन्दरता ४ भ्रम की सुन्दरता ५ वायु को कन्धा ६ दु:ख में सहनशक्ति ७ आनंद ८ संवेदना ९ मेल १० कहानी

सुरूरे-हुस्न[1] कैफ़े-इश्क[2] बनकर
मेरी हस्ती पे छाया जा रहा है।
खुशी के दिन भी था अन्देशये-ग़म[3]
मेरे इमरोज़[4] में फ़र्दा[5] जा रहा है।
भिगो दे अब्रे-रहमत[6] और मुझको
नदामत[7] में पसीना आ रहा है।
फिरी जाती है चश्मे-यार मुझसे
निज़ामे-इश्क[8] बदला जा रहा है।
दुखे दिल का बजाकर साज़ 'इशरत'
महब्बत के तराने गा रहा है।

(२२)

मिसरा – दिल ये कहता है महब्बत में ख़तायें कीजिये।
हम फ़रेबे-इश्क़ में यारब न आयें उम्र भर
दूर से ही हुस्न की देखें अदायें उम्र भर।
भूल कर ऐ दिल! न जाना बारगाहे-इश्क[9] में
जुर्मे-नाकर्दा[10] कि मिलती हैं सज़ायें उम्र भर।
कब हुजूमें-रंजो-ग़म से इश्क में फुर्सत मिली
चारसूं घेरे रहीं हमको बलायें उम्र भर।

१ सुन्दरता की मादकता २ प्रेम की मादकता ३ दु:ख की चिंता ४ आज का दिन ५ कल का दिन ६ दया-धन ७ लज्जा ८ प्रेम-व्यवस्था ९ प्रेम का दरबार १० न किया हुआ अपराध

मुख्तसर होकर भी रुदादे-महब्बत[1] है तवील[2]
आप सुनने को कहें तो हम सुनायें उम्र भर।
दर हकीकत रहबरे-राहे-महब्बत[3] है यही
कान रख कर हम सुनें दिल की सदायें[4] उम्र भर।
फ़रते-ग़म[5] से दम बदम आहें भरीं नाले किये
दिल के वीराने में देखीं ये हवायें उम्र भर।
यों हमें बर्बाद कर दे ऐ हवाये-आर्ज़ू[6]!
लाख ढूंढें ढूढने वाले, न पायें उम्र भर।
दावरे-महशर[7] से कह देंगें कि रमत की क़सम
दीदओ-दानिस्ता[8] हमने की ख़तायें उम्र भर।
रात दिन रौशन रहा इशरत सियहखाना[9] मेरा
दिल में चमकीं उनके आरिज़[10] की ज़ियाय[11] उम्र भर।

(२३)

अश क चश मे-तर में, अश कों में लहू देखा किये
जो दिखाया हमको तूने आरज़ू देखा किये।
दर्दो-ग़म में कब कोई तसकीन[12] का पहलू मिला
दरह्मो-बर्हम[13] निज़ामे-आरज़ू[14] देखा किये।

१ प्रेम गाथा २ विस्तृत ३ प्रेम-पथ-प्रदर्शक ४ आवाज़ ५ दुःख बाहुल्य ६ मनोकामना की बायु ७ प्रलय दिवस का न्यायकर्ता ८ जान बूझकर ९ अंधकारमय भवन १० मुखमंडल ११ प्रकाश १२ शान्ति १३ छिन्न भिन्न १४ मनोकामना की व्यवस्था

ज़ब्त से कब छुप सका जब्ते-महब्ब[१] का असर
ख़ामुशी में भी वो शरहे-आरज़ू[२] देखा किये।
महफ़िले-साक़ी में पी रिन्दों ने जी भर कर शराब
हम निगाहे-यास[३] से जामो-सुबू देखा किये।
दिल रहा महवे-तमाशा[४] जलवागाहे-नाज़[५] में
ज़िंदगी भर हम तिलिस्मे-आरज़ू[६] देखा किये।
काश ऐसा हो, नज़र आये कोई मतलब की बात
इस तमन्ना में हम उनकी गुफ्तगू[७] देखा किये।
उनसे मिल कर दिल में मिलने की तमन्ना बढ़ गई
देख कर हम देखने की आरज़ू देखा किये।
हुस्ने-दिलकश[८] का हुआ दुनिया में क्या क्या एहतराम[९]
इश्क तुझको हम बहुत बे-अबरू देखा किये।
चन्द घड़ियाँ इश्क़ में पुरलुत्फ़ ऐसी भी रहीं
हम तुम्हारी, तुम हमारी आरज़ू देखा किये।
हज़रते 'इशरत' चले उनकी गली में सर के बल
मंज़िले-मकसद[१०] की शाने-जुस्तजू[११] देखा किये।

१ प्रेम भावना २ मनोकामना का प्रादुर्भाव ३ निराशा की दृष्टि ४ दृष्य-मुग्ध ५ प्रेमपात्र का प्रकाशमय भवन ६ मनोकामना का जादू ७ वार्तालाप ८ चित्ताकर्षक छाविवान ९ आदर १० लक्ष्यस्थान ११ खोज का महत्त्व

(२४)

तबआज़ाद (स्वच्छंद)

जहूरे-हुस्न[१] तेरा हर तरह बहार में है
गुलों में, नग़मये बुलबुल में, जूयबार[२] में है।
अगर वो रश्क-चमन अपने अख्तियार में है
खिज़ां में भी है वही लुत्फ़ जो बहार में है।
मिला न ख़ाक में मिल कर भी चैन ऐ वहशत
जो इन्तशार[३] था दिल में वही गुबार में है।
खुदा के सामने खुलते नहीं लबे-फ़रियाद
अजीब बात तेरी चश्मे-शर्मसार[४] में है।
नजात इश्क-महब्बत में क्या मिले मुझको
न अख्तियार में दिल था, न अख्तियार में है।
पसे-फ़ना[५] भी महब्बत का दाग़ है रौशन
चराग़े-तूर का आलम मेरे मज़ार में है।
सुना रहे हो अबस मुझको ज़िक्रे-तर्के-शराब
ये पंद[६] हज़रते नासेह भरी बहार में है।
ख़रामे-नाज़[७] से करते हो किस लिये पामाल
शिकस्ता[८] दिल मेरा टूटे हुये मज़ार में है।

१ छवि प्रदर्शन २ बड़ी नदी ३ व्यग्रता ४ लज्जपूर्ण नेत्र ५ मृत्यु के पश्चात् ६ शिक्षा ७ छविमय पदार्पण ८ टूटा हुआ

वतन की खाक तो सरसर[1] ने खूब उड़ाइ मगर
बहार अब भी इस उजड़े हुये दयार[2] में है।
चमन में लालओ-गुल ने ये कर दिया ज़ाहिर
कोई शिगूफ़ा[3] छुपा पर्दये-बहार में है।
मये-निशात[4] से बेखुद रहे न क्यों 'इशरत'
अज़ल के रोज़ से चल फिर के बज़्मे-यार में है।

(२५)

वहीं नज़र आयेंगे वो जलवे, जहाँ भी सिजदे अदा करेंगे।
हमारे इश्क़ को-वफ़ा के दम से हज़ार काबे बना करेंगे।
अज़ल के दिन से हैं तेरे शैदा, छुटेगा कूचा न हमसे तेरा
रहेंगे नक़्शे-क़दम की सूरत, बना करेंगे मिटा करेंगे।
किसी के आज़ारो-ग़म हैं तारी, लहू है आँखों से अपनी जारी
फ़िसानये-दर्दे-इश्क़ क[6] रंगी, कहा किये हम, कहा करेंगे।
सुनेंगे हर्गिज़ न इल्तजाये[7], रहेंगी हरदम नई जफ़ायें
हम अपनी जैसी कहा करेंगे, वो अपनी जैसी किया करेंगे।
हज़ार बार आज़मा के देखा, नहीं रहा एतबार उनका
मिटा न फिर भी यकीं ये दिल से, वो अपना वादा वफ़ा करेंगे।

१ झंझावत २ देश ३ बेल बूटा ४ आनंदमय मदिरा ५ दु:ख संताप ६ प्रेम-वेदना की कहानी ७ प्रार्थनायें ८ पूरा

बतायें हम क्या मआले-अरमां[1], ये होगा आख़िर को हाले-अरमां
कि दिल में नक्शे-क़दम की सूरत, उभर उभर कर मिटा करेंगे।
तेरे पिलाये पियेंगे साक़ी, तेरे जिलाये जियेंगे साक़ी
हमें तेरा आसरा है काफ़ी, न और का आसरा करेंगे।
फ़लक पे चमकेगे माहो-अख्तर[2], तो महकेंगे बाग़ में गुलेतर
जहाँ जहाँ वो छुपेंगे जा कर, वहीं शिगूफ़े[3] खिला करेंगे।
यही हक़ीक़त में दैरो-काबा[4], इसी में हर रंग का है जलवा
करेंगे हम दिल में बुतपरस्ती[5], नमाज़ दिल में अदा करेंगे।
अज़ीज़ दिल को है रंजे-उलफ़त[6], कि इसमें हासिल है हमको राहत[7]
उठायेंगे ग़म खुशी से 'इशरत' बजाय शिकवा दुआ करेंगे।

(२६)

छुप छुप के तुम्हारी महफ़िल का पुरलुत्फ़ नज़ारा करते हैं
यों शीशये-दिल में हुस्न की हम तसवीर उतारा करते हैं।
सनअत[8] ही के पर्दे में अक्सर साने[9] की हक़ीकत खुलती है
जो दिल की नज़र से देखते हैं वो तुर्फ़ा[10] नज़ारा करते हैं।
वो बात जो निकली दिल से कभी बेकार महब्बत में न गयी
हम इतनी तवक्को[11] पर उनको हर वक्त पुकारा करते हैं।

१ मनोकामना की परिणाम २ चन्द्र-सूर्य ३ बेल बूटे ४ मंदिर मस्जिद ५ मूर्ति पूजा ६ प्रेम की वेदना ७ सुख ८ कला ९ कलाकार १० विचित्र ११ आशा

दिल उनसे लगाकर देखते हैं, तासीर ये इश्क़े-सादिक़[१] की
पूछे कि न पूछे उनसे कोई वो ज़िक्र हमारा करते हैं।
आते हैं जो तेरी महफ़िल में हो जाते हैं तेरी महफ़िल के
दुनिया से वो बेगाना बन कर दुनिया से कनारा[२] करते हैं।
फ़ुरक़त की अँधेरी रातों में उलझन सी जो दिल में होती है
ऐ जाने-तमन्ना[३] घबरा कर हम तुझको पुकारा करते हैं।
इफ़शाय-वफ़ा[४] भी लाज़िम है इफ़शाय-महब्बत भी लाज़िम
हम मुँह से नहीं कुछ कहते मगर आँखों से इशारा करते हैं।
खुर्शीदो-महे-अनवर[६] बन कर हैं दाग़ तमन्ना के रौशन
दिन रात किसी के जलवों का हम दिल में नज़ारा करते हैं।
गर्दाबे-अलम[७] में कश्ति तये दिल जब डूबने लगती है उस दम
ऐ पार लगाने वाले हम बस तुझको पुकारा करते हैं।
वो महजबीं जब रातों में गुलगश्ते-चमन[८] को आता है
तारों में जो चश्मक[९] होती है तो फूल इशारा करते हैं।
तासीरे-महब्बत तो देखो तनहाई[१०] जो अक्सर होती है
हम उनको पुकारा करते हैं, वो हमको पुकारा करते हैं।
दिल उनको खुशी से देते हैं अर्मानो-तमन्ना[११] में 'इशरत'
मरने का नहीं अब ग़म हमको जीने का सहारा करते हैं।

१ सच्चा प्रेम २ अलग होना ३ प्रेम के प्राण ४ प्रेम का छुपाना ५ प्रेम प्रदर्शन ६ प्रकाशमान सूर्य तथा चन्द्र ७ दुःख सागर का भंवर ८ उद्यान-विहार ९ संकेत १० एकाकीपन ११ प्रेम-मनोकामना

(२७)

शिकवा किसी के जौर का रोज़े-जज़ा[१] करें
हमने कभी नहीं जो किया अब वो क्या करें।
उनसे ये क्या कहें कि वो तर्के-जफ़ा करें
हम क्यों न खुद को खूगरे-सब्रो-रज़ा[२] करें।
जलवे जो रूबरू[३] हों तो सिजदे अदा करें
ये इश्क की नमाज़ है हम क्यों क़ज़ा[४] करें।
रखदूँ जबीं[५] जहाँ वहीं मक़बूल[६] हो दुआ
मेरे सुजूदे-शौक़[७] से काबे बना करें।
हर्गिज़ तरीके-शौक़ से उठने न दें कदम
कोई जफ़ा करे तो करे हम वफ़ा करें।
हंगामे-दर्द[८] ज़ब्त का यारा[९] नहीं रहा
आहो-फुगां अगर न करें हम तो क्या करें।
नासेह ये दौरे-गुल[१०], ये घटा, और ये फ़िज़ा
अब मय से हम बहार में इंकार क्या करें।
सर रख के आस्तां[११] पे तेरे हम जो हों फ़ना[१२]
अहले-वफ़ा[१३] मज़ार के सिजदे अदा करें।
इशरत ! रियाज़े-इश्क[१४] को अश्कों से सींचिये
हर रोज़ इस चमन में नये गुल खिला करें।

१ न्याय दिवस २ सहनशक्ति ३ समक्ष ४ उलंघन ५ मस्तक ६ स्वीकृत ७ प्रेम के सिजदे ८ पीड़ा के समय ९ शक्ति १० बसंत ऋतू ११ चौखट १२ मिट जाना १३ प्रेमी जन १४ प्रेमोद्यान

तसल्ली दिल को मिलती है जमाले-रूय-जानां[१] से
ये आईना चमकता है ज़ियाये-माहे-ताबा[२] से।
जुनूने-इश्क़ से, रंजो-अलम से, यासो-हिर्मा से
हमारे दिल की है तामीर अजज़ाये-परीशां[3] से।
मिला करती है सर टकराके आज़ादी असीरों को
खुला ये राज़े-पिन्हा सुर्खिये-दीवारे-ज़िन्दा[४] से।
इधर है खन्दे-गुल[५] और उधर है गिरियये-शबनम[६]
नुमायां है दोरंगीये-जहां रंगे-गुलिस्ताँ से।
तबस्सुम ने, अदा ने, नाज़ ने बर्बाद कर डाला
किसी ने दिल की दुनिया लूट ली इस साज़ो-सामां से।
दमे-आख़िर नतीजा क्या वफ़ा की दाद देने का
उठाया जा रहा है हाथ क्यों अब जौरे-पिन्हा[७] से।
मेरा आज़ाद हो कर अब निकलना भी क़यामत है
महब्बत हो गयी इतनी दरो-दीवारे ज़िन्दा[८] से।
वतन की याद ग़ालिब आ गयी सहरानवर्दी[९] पर
मकां को देखने हम पलट आये बियाबां से।
खुदा रक्खे मेरी वहशत ने क्या क्या गुल खिलाये हैं
अयां[११] हैं ज़ख्मे-दिल, दाग़ो-जिगर चाके-गरेबां[१२] से।

१ प्रेम-पात्र की मुखकान्ति २ प्रकाशमय चंद्रमा का प्रकाश ३ विवह्ल परमाणु ४ कारागार के दीवार की लालिमा ५ फूलों का हँसना ६ शबनम का रोना ७ गुप्त क्रूरता ८ कारागार ९ बन-भ्रमण १० वन ११प्रकट १२ गले के नीचे के वस्त्रों का छिद्र

अज़ल से दिल है दीवाना किसी के ज़ुल्फ़ो-आरिज़[१] का
हमें नासेह गरज़ क्या इम्तियाज़े-कुफ़्रो[२]-ईमां से |
मुहाफ़िज़[३] नूह हैं अपने सफ़ीने[४] के जो ऐ इशरत !
हमें बहरे-सोख़न में डर ही क्या अमवाज-तूफ़ां से |

(२९)

मिसरा – हाथों का उठाना दूभर है, लब हमको हिलाना मुश्किल है |

ये दिल मेरा वो दिल तेरा तफ़रीक़े-मरातिब[५] बातिल[६] है
जब एक ही हुस्नो महब्बत है, जब दोनों का इक हासिल[७] है |
तुम छेड़ के देखो तो इसको क्या नग़मासरां[८] मेरा दिल है
बजता है बजाये ये कैसा, महफ़िल में ये साज़े-महफ़िल है |
मुख़्तार[९] बहर-सूरत जलवा, मजबूर बहर मानी नज़रें
हर बात की उनको आसानी, हर बात की हमको मुश्किल है |
नाशाद करो या शाद करो, मजबूरे-वफ़ा[१०] का बस ही क्या
पहलू में हमारे जो दिल था, मुट्ठी में तुम्हारी वो दिल है |
पहले तो सताया दिल को मेरे अब कहते हो मुझसे ज़ब्त करो
रोके से रुकें बहते आंसू आसान नहीं ये मुश्किल है |
धोका है फ़क़त बहरे-ग़म[११] में मौजों के सिवा कुछ और नहीं
कश्ती भी फ़रेबे-कश्ती[१२] है, साहिल भी फ़रेबे-साहिल[१३] है |

१ केश तथा मुख मंडल २ नास्तिकता तथा आस्तिकता का विश्लेषण ३ रक्षक ४ बेड़ा (अंजुमन सफ़ीनये अदब) ५ पदविभिन्नता ६ अनृत्य ७ परिणाम ८ गाने वाला ९ स्वतंत्र १० प्रेम विवश ११ दुःख सागर १२ नौका का आडम्बर १३ तट का आडम्बर

कुर्बान करे क्यों दिल अपना, क्या सोच के दे दे जान कोई
उश्शाक़ की तुर्बत[1] पर उनको दो फूल चढ़ाना मुश्किल है।
हसरत न कभी कोई निकली, अरमां न कोई फंस कर निकला
लाखों है असीरे-ग़म[2] इसमें, ज़िन्दाने-अलम[3] मेरा दिल है।
पीने में तकल्लुफ़[4] क्या मुझको, मय देने में क्या ताखीर[5] उसे
मैं रिन्द[6] हूँ दरिया-नोश[7] अगर, साक़ी भी मेरा दरिया-दिल[8] है।
चिलमन में वो छुप कर बैठे हैं, जलवे है नुमायाँ आलम में
पर्दे में ये कोई पर्दा है, महमिल[9] में ये कोई महमिल है।
दरियाय-महब्बत में इशरत! कब से ये सदायें सुनता हूँ
हाँ और बढ़ो, हाँ और बढ़ो, दो हाथ फ़क़त अब साहिल है।

१ समाधि २ दुःख-बंदी ३ दुःख-कारागार ४ संकोच ५ देरी ६ पीने वाला ७ सागर पान करने वाला ८ अत्यंत उदार ९ पर्दा

गरज़ हमको दो आलम[१०] से, दो आलम में गुज़र अपना
ये दुनिया भी है घर अपना, वो दुनिया भी है घर अपना।
अगर जलवा दिखायें वो यहाँ शामो-सहर अपना
तो काबा भी है, बुतखाना भी है, सब कुछ है घर अपना।
हमारी तीर-बख़्ती[११] भी तजल्ली[१२] का सबब[१३] ठहरी
तवाफ़े-बर्क[१४] से रौशन रहा गुलशन में घर अपना।
किसी के जाते ही रौनक़ मिटी सारी फ़िज़ा बदली
वो आलम है, नज़र आता नहीं अपना सा घर अपना।
शबे फ़ुरकत दिखायी तीरगीये-ग़म[१] ने ये सूरत
कि तारीकी में खो बैठा था हर सैयारा[२] घर अपना।
न फिरता आसमां हमसे न सर पर आफ़तें आतीं
न होता बन संवर कर इस तरह बर्बाद घर अपना।
इधर हम हैं क़फ़स[३] में, बर्क[४] उधर पैहम[५] चमकती है
खुदा जाने रहे या खाक हो गुलशन में घर अपना।
निगाहे-बद से यारब रख इसे महफ़ूज़ गुलशन में
कि चुन चुन कर इक इक तिनका बनाया हमने घर अपना।

तकल्लुफ़[६] बरतरफ़ [७] जब आये जी में आइये रहिये
हमारे खानये दिल को समझिये आप घर अपना।
समझते हम जो पहले से हक़ीक़त दारे-फ़ानी[८] की
बनाते क्यों अदम[९] को छोड़ कर दुनिया में घर अपना।
भुलाते किस तरह लुत्फे-वतन को दश्‍ते-गुर्बत[१०] में
कि सोते जागते फिरता रहा नज़रों में घर अपना।
अजब क्या चैन से गुज़रे फ़न[११] के बाद ऐ इशरत!
बनायें चल के इस दुनिया से उस दुनिया में घर अपना।

१० लोक-परलोक ११ अंधकारमय भाग्य १२ तेज १३ काररग १४ बिजली का फेरा लगाना १ दुःख का अंधकार २ तारा ३ बंदीगृह ४ विद्युत् ५ बार बार ६ संकोच ७ दूर कर के ८ नश्वर जगत ९ परलोक १० परदेश का बन ११ विनाश

(३१)

मिसरा – शर्मिंदा है चमन भी दिले-दाग़दार से।

फूलों से तो मिले मगर उलझे न ख़ार से
हम यों गुज़र गये चमने-रोज़गार[१] से।
हर साँस पर हो नाग़मासरा[२] साज़े-ज़िन्दगी[३]
जब लुत्फ़ है कि आये सदा[४] तार तार से।
सिजदे में गिरके नक़्शे-क़दम[५] बन गया हूँ मैं
उठना मेरा मुहाल है अब कूय-यार से।
अल्लाह रे! ये नाज़, ये अंदाज़ ये गुरुर
नफ़रत है उनको, दिल से, महब्बत से, प्यार से।
पज़मुर्दा[६] हैं जो फूल तो ख़न्दा[७] है ज़ख्मे-दिल
यानी खिज़ां भी अपनी है बेहतर बहार से।
कोई न कोई सिजदा हमारा क़ुबूल हो
मक़सूद[८] है ये बंदगिये-बेशुमार[९] से।
देखा न आँख भर के सरे-तूर[१०] ऐ कलीम
खो बैठे होश जलवये-दीदार-यार से।

क्योंकर वफ़ाओ-इश्क में होगा इसे सुकूं[11]
पूछो ये हाथ रखके दिले-बेक़रार से।
कोई संवर रहा है पसे-पर्दा[1] इस तरह
अंदाज़ हुस्न के हैं नुमायाँ[2] बहार से।
दोनों बुझे बुझे से हैं यकसां है बेकसी
मिलता है दिल का हाल चराग़े-मज़ार[3] से।
इशरत! निशातो-ऐश[4] खुदाई[5] के हैं यहीं
जायें तो उठ के जायें कहाँ बज़्मे-यार से।

१ संसार रूपी उद्यान २ गीत सुनाने वाला ३ जीवनरूपी वादन ४ आवाज ५ पदचिन्ह ६ म्लान ७ विकसित ८ अभिप्राय ९ अगणित प्रणाम १० तूर नामी पर्वत पर ११ शान्ति १ पर्दे के पीछे २ प्रकट ३ समाधि का दीपक ४ विश्राम तथा आनन्द ५ संसार

मिसरा – हुशियार होके क़ाफ़िले वाले निकल गये।

हंस बोल कर जो तुम से ज़रा हम बहल गये
तो चर्खे फ़ितना-सोज़[१] के तेवर बदल गये।
नावक[२] उधर से, नाले[३] इधर से निकल गये
दोनों तरफ़ से वार बराबर के चल गये।
पर्दा जुनूँ[४] के हाथ से कायम न रह सका
दामन बचा तो जेबो-गरेबां निकल गये।
उस जलवाह[५] में भी हमारा गुज़र हुआ
जिबरील[६] के जहाँ परे-पर्वाज[७] जल गये।
आज़ारे-इश्क[८] से हमें बचना मुहाल था
तुम आ गये तो लेके संभाला संभल गये।
यों नक्शे-पाये-यार[९] का लाज़िम था एहतराम[१०]
उसकी गली में हम जो गये, सरके बल गये।
ये भी कोई अदा, कोई ये भी नाज़ है
देखा किसी ग़रीब का दिल तो मचल गये।
क़ब अपना अख्तियार रहा अख्तियार पर
आंसू बहे कभी, कभी नाले निकल गये।

ज़ुल्मो-सितम में लुत्फ़ न अगला सा रह गया
अब दिल बदल गया मेरा या तुम बदल गये।
मैयत[11] पर आते थे तो बहाते वो चार अश्क
ये क्या किया कि आके फ़क़त आँख मल गये।
परवाने, शमअ, शम्स[12], क़मर[13], तूर[14], दिल, जिगर
जलना था जिनको आतशे-उल्फ़त में जल गये
फिकरे-रसा[15] के साथ जो शामिल था फैज़े-नूह[16]
इशरत! हमारे शेर भी सांचे ढल गये।

१ उत्पाती आकाश २ तीर ३ आहें ४ उन्माद ५ प्रकाश स्थल ६ एक देवदूत जो खुदा के पास से मुहम्मद साहब के पास संदेश लाता था ७ उड़ने वाले पंख ८ प्रेम का रोग९ प्रेम पात्र के पदचिन्ह १० आदर ११ शव
१२ सूर्य १३ चन्द्र १४ पर्वत जो खुदा के जलवे से जल गया १५ गंभीर चिन्तन १६ हज़रते नूह का उपकार

मिसरा- अब न काबा मेरे आगे है न बुतख़ाना है।

दिल में काबा है निगाहों में सनमखाना[१] है
मेरा ईमान ज़माने से जुदागाना[२] है।
इश्क़ में वो भी नादान जो फ़र्जाना[३] है
उसका क्या ज़िक्र है, दीवाना तो दीवाना है।
क्यों निगाहों पे चढ़ें दैरो-हरम के नक़्शे
जिस तरफ़ उठती हैं नज़रें तेरा काशना[४] है।
अर्ज़े-मतलब[५] पे मेरी नाज़ से कहना उनका
होश की बातें हैं सब, कहने को दीवाना है।
ज़र्रे ज़र्रे में नुमायाँ है ख़ुदा की क़ुदरत
पत्ती पत्ती की जबां पर यही अफ़साना है।
जलवये-कौनो-मकां[६] दिल में न देखूँ क्योंकर
जामे-जमरोद[७] से बढ़ कर मेरा पैमाना है।
सरमदी-कैफ़[८] का आलम जिसे पी कर हो जाय
ऐसी पुरलुत्फ़ भी मय साकिये-मैख़ाना है।
बख्त-बर्गरता[९], मुकद्दर[१०] है जमीं[११], चर्ख खिलाफ़
जिस यगाने पे नज़र डालो वो बेगाना है।

नामाबर जल्द दिखा मुझको मुकद्दर का लिखा
उनका ख़त है कि मेरी मौत का परवाना है।
दिल से इशरत! जो छलकती है मये-ऐशो-निशात[11]
मुझको देखे तो कोई समझे कि दीवाना है।

१ उपकार २ पृथक ३ समझदार ४ घर ५ कामना प्रकट करना ६ संसार का प्रकाश ७ जमशेद का प्याला जिसमें विश्व का चित्र दिखाई देता था ८ शाश्वत आनंद ९ भाग्य प्रतिकूल १० धूल से भरी ११ आनंद मदिरा

जब आये उनके दीवाने बअंदाजे-दिगर[१] आये
कभी हँसते नज़र आये, कभी रोते नज़र आये।
वहीं खिंच आये काबा भी जहाँ सिजदे में सर रख दूँ
जिधर उट्ठे निगाहे शौक़ उधर जलवा नज़र आये।
ज़माने की दुरंगी में यही तो ख़ास ख़ूबी है
कहीं ऐसा नज़र आये, कहीं वैसा नज़र आये।
अगर आँखों में सूरत थी तो दिल में ध्यान था उनका
वो चलते फिरते, उठते बैठते हमको नज़र आये।
चमन पर मरने वालों को चमन के ख़ार प्यारे हैं
वो कैसे हैं कि जिनको फूल भी कांटे नज़र आये।
चमकते थे बलन्दी[२] से कभी जो बामे-रफ़अत[३] पर
वही कारे-मजिल्लत[४] में झुकाये सर नज़र आये।
जुदा है आलमे-हुस्ने-हक़ीक़त[५] हर जगह यानी
जो देखे जिस नज़र से वो उसे वैसा नज़र आये।
मेरे साक़ी मये-गुलगूँ[६] से भर दे मेरा पैमाना
कि रंगे-बज़्म में रंगीनिये-मस्ती नज़र आये।
चमन-ज़ारे-सोख़न[७] में गुल खिलाये तुमने ऐ इशरत!
नज़र में जिनके कांटे थे उन्हें कांटे नज़र आये।

१ भिन्न भिन्न ढंग से २ ऊंचाई से ३ उन्नति शिखर ४ अपमान कूप ५ ईश्वर के छवि की दशा ६ लाल रंग की मदिरा ७ कविता-उद्यान

बेदर्द पे पामाल हूँ, जो ज़ालिम पे फ़िदा हूँ
बेगाने तो बेगाने, यगानों में बुरा हूँ।
ये सोच के पामाले किया था कि छुटे साथ
अब ख़ाक में मिल कर तेरे क़दमों से लगा हूँ।
रूकती नहीं आहें मेरी, थमते नहीं आंसू
मैं अब्रो-हवा[२] के ग़मो-ज़हमत[३] में फंसा हूँ।
वो शुक्र को भी मेरे समझ लेते हैं शिकवा
तीनत[४] का बुरा मैं नहीं किस्मत का बुरा हूँ।
क्या शमअ मुझे शोलये-उल्फ़त[५] ने बनाया
मैं जल के सरे-शाम दमे-सुबह बुझा हूँ।
क्या हाल कहूँ आपसे बेताबिये-दिल[६] का
गिर गिर के जो उठ्ठा हूँ तो उठ उठ के गिरा हूँ।
अब कीजिये कुछ बह्रे ख़ुदा लुत्फ़ो-करम भी
मैं आपके सब जोरो-सितम झेल चुका हूँ।
हैरान नज़र, अक्ल है गुम, होश भी ग़ायब
क्योंकर कहूँ, मैं क्या कहूँ, क्या देख रहा हूँ।

कहने को तो इन्सान हूँ फिर भी हूँ बहुत कुछ
मैं रम्ज़े-खुदा[७], ज़िखुदा, शाने-खुदा हूँ।
मैं माह[१] में, मैं मह्र[२] में, मैं लालश्रो-गुल में
इन सब के हिज़ाबों[३] में तुझे देख रहा हूँ।
इशरत ! हैं मेरे साज़े-तमन्ना[४] में तराने
छेड़े जो कोई मुझको तो मैं नग़मासरा[५] हूँ।

मिसरा- न कोई अपना मूनिस है, न कोई अपना पुरसां है।

बहार -आगीं[१] फ़िज़ाये-इश्क[२] इतनी लुत्फ़-सामां[३] है
गुलिस्ताँ का तो क्या कहना, बियाबां भी गुलिस्ताँ है।
बहारे-गुल में छुट सकता नहीं मैखाना ऐ साक़ी
कि शीशे से हमारा अहद[४] पैमाने से पैमां[५] है।
बदल कर भेस वो ठहरे न क्यों हर एक के दिल में
हज़ारों घर हैं रहने के लिये और एक मेहमां है।
जो मैं चाहूँ तुम्हे चाहूँ, जो तुम चाहो मुझे चाहो
यही हसरत में हसरत है, यही अरमां में अरमां है।
अयादत[६] को कहाँ आये मेरा कब हाले-दिल पूछा
तुम्हीं ईमान से कह दो किसी का कोई पुर्सी है।
शबे-ग़म याद ये किस शमअरू[७] की आ गई यारब!
कि हर जानिब मेरे काशानये-दिल[८] में चरागाँ[९] है।
ख़बर ली दस्ते-वहशत[१०] ने ज़रूर इस साथ दोनों की
कि टुकड़े टुकड़े दामन, तार तार अपना गरेबां है।

नज़र नीची, जंबा साकित[11], अरक-आलूद[12] पे शानी
सरे-महशर[13] कोई अपने किये पर यों पशेमां[14] है।
परिशानी से सोते जागते फ़ुर्सत मिली क्योंकर
जो दिन को सानहा[15] है, शब को वो ख्वाबे-परीशां[16] है।
हमें बज़मे सोखन में खौफ़ क्या तूफां का ऐ इशरत!
कि नूहे नार्वी अपने सफ़ीने[17] का निगहबां[18] है।

१ बसंतमय २ प्रेम का वातावरण ३ आनंदमय ५ प्रण, प्रतिज्ञा ६ रोगी की पूछताछ ७ दीपक वर्ण रूप वाला ८ ह्रदय मंदिर ९ दीपों से प्रकाशित १० उन्मादपूर्ण हाथ ११ चुप १२ पसीने से भरा १३ क़यामत में १४ लज्जित १५ दुर्घटना १६ विव्हल स्वप्न १७ बेड़ा १८ निरीक्षक, रक्षक

मिसरा- तेरी तस्वीर तेरे हुस्न पे इतराती है|

साथ ले कर जो उन्हें मेरी कज़ा आती है
जिन्दगी मौत पे कुर्बान हुई जाती है|
शक्ले-राहत पसे-तकलीफ़ नज़र आती है
जो समझता नहीं दुनिया उसे समझाती है|
मुझको सुन लेने दे जल्दी न कर ऐ मौजे-अलम[१]
दूर से इक तरब-अंगेज़[२] सदा आती है|
वो मेरी अर्जे-तमन्ना[३] पे ये फ़रमाते हैं
पर निकलते हैं तो च्यूंटी कि क़ज़ा आती है|
तुम दिखाते ही रहो आरिज़े-रंगों अपना
दिल की दुनिया इसी सूरज की ज़िया पाती है|
अहले-उल्फ़त के मज़ारों की न क्यों कद्र करूँ
इनकी मिटटी से भी खुशबूय-वफ़ा आती है|
मुंझको इसरार कि मिलिये, उन्हें मिलने से गुरेज़
मेरी उनकी यही तकरार चली जाती है|
बनके बेगाना यगानों से जो नफ़रत रक्खें
रोना आता है, कभी उनपे हंसी आती है|
आह ने दाग़ तो सीने में खिलाये इशरत!
देखें गुलज़ार[४] में क्या रंग सबा[५] लाती है|

१ दु:ख प्रवाह २ आनंदमय ३ प्रेम प्रार्थना ४ उद्यान ५ मलय समीर

मिसरा-जिस दिल पे हवस का सिक्का है उस दिल के लिये आराम नहीं।

घेरे है सियह-बख़्ती[१] मुझको तनवीर[२] से कोई काम नहीं
हो जिसकी नमूदे-सुबह[३] कभी वो मेरे ग़म की शाम नहीं।
किस मुँह से कहूँ मयख़ाने में ममनूने-दौरे-जाम[४] नहीं
एहसान-फ़रामोशी[५] तौबा! ये साक़ी मेरा काम नहीं।
आगाज़े-वफ़ा[६] है नज़रों में, नज़रों में अभी अंजाम[७] नहीं
रूदाद[८] मेरी वो है जिसको मैं कह न सका, तुम सुन न सके
तक़दीर की ये सब ख़ूबी है, तदबीर पे कुछ इलज़ाम नहीं।
इफ़शाय-महब्बत[९] होने पर रुसवाय-महब्बत[१०] हो जाता
है याद किसी की दिल में मेरे, होठों पे किसी का नाम नहीं।
हर दम ताने, हर दम फिकरे, हरदम धोका, हरदम हीला
दुनियाय महब्बत में तुमको क्या इनके सिवा कुछ काम नहीं।
उठ्ठी है घटा मयख़ाने पर, बिजली भी चमकती है लेकिन
बेकैफ़[११] है रिन्दों की महफ़िल, क्या दौर में साक़ी जाम नहीं।
वो राज़े-महब्बत है मेरा जो अहले-जहाँ[१२] पर खुल न सका
नाकाम सही मैं दुनिया में, है शुक्र कि मैं बदनाम नहीं।

साक़ी की निगाहें क्या बदलीं, मैख़ाना का मैख़ाना बदला
अब खुम[13] वो नहीं, मीना[14] वो नहीं, शीशा वो नहीं वो जाम नहीं
उम्मीदे-रिहाई में पहले हम सुख के सपने देखते थे
ज़ंजीरे-गुलामी से छुट कर अब ख्वाब में भी आराम नहीं।
ज़ाहिद के सिवा मैख्वारों[7] का क्या काम वहा है ऐ इशरत!
जिस बज़्म में खुम को जोश नहीं, गर्दिश में छलकता जाम नहीं।

१ अंधकारमय भाग्य २ प्रकाश ३ प्रात:कॉल का उदय ४ मधुपान के संचालन का कृतज्ञ ५ कृतघनता ६ प्रेम प्रारम्भ ७ अंत ८ कथा ९ प्रेमाभिव्यक्ति १० प्रेम में तिरस्कृत ११ संसार के लोग १२ मधु घर १३ सुराही १ भक्त १४ मदिरा पीने वाले

(३९)

मिसरा – हासिल हुई है फ़ज्ले-खुदा से खुशी मुझे

गुमराह[१] बेखुदी ने किया जिस घड़ी मुझे
मंज़िल ने मेरी दूर से आवाज़ दी मुझे।
खुद को मिटा रहा हूँ जो मैं राहे-इश्क़ में
बादे-फ़ना मिलेगी नई जिन्दगी मुझे।
शीशा भी, खुम भी, जाम भी, मीना भी रूबरू
साक़ी के मैकदे में नहीं कुछ कमी मुझे।
फितने पे फितने उठते हैं एक एक गाम[२] पर
मालूम हो रही है ये उनकी गली मुझे।
वो कह रहे हैं आज मेरे मुँह पे बेवफ़ा
सुनवा रही है हश्र में क्या ख़ामुशी मुझे।
फुर्सत मिली बुतों से तो हूरों का ध्यान है
सूझी ज़नूने-इश्क़[३] में क्या दूर की मुझे।
राहे-वफ़ाओ-इश्क़ में रहबर फ़क़त है दिल
हरदम बता रहा है ये नेकी बदी मुझे।
दम टूटते ही होने लगा इन्तज़ामे-दफ़न
अहबाब घर में रख न सके दो घड़ी मुझे।
इशरत! वो आ रहे हैं नज़र बन के मह्रो-माह[४]
जलवे दिखा रही है मेरी बेखुदा[५] मुझे।

१पथ से विचलित २ पग ३ प्रेमोन्माद ४ सूर्य चन्द्र ५ तन्मयता

(४०)

गुज़र गये नज़र से न हुआ मगर नज़ारा
मुझे बेरुखी[१] ने लूटा, मुझे बेखुदी ने मारा।
जो जमीं पे जलवा फ़र्मा[२], जो फ़लक पे जलवा[२] आरा
कोई हमसे उसको पूछे वो है इश्क़ का शरारा[३]।
मेरे दिल में खुश रहोगे कि ये घर है घर तुम्हारा
जो यहाँ नहीं गुज़ारा तो कहीं नहीं गुज़ारा।
मिले उनसे जब कज़ारा[४] यही पेश था नज़ारा
कभी इस अदा से मारा, कभी उस अदा से मारा।
शबे-ग़म फिज़ा[५] में चमका मेरी आह का शरारा
कभी बन गया वो जुगनू कभी बन गया सितारा।
हम अज़ल से देखते हैं नहीं बस में दिल हमारा
है ज़रूर इसमें कोई तेरे हुस्न का इशारा।
जो निगाहे-नाज़[६] बदली तो बदल गया नज़ारा
तेरी बज़्म क्या जहाँ से कोई कर गया कनारा[७]।
तेरे ग़म में जी रहा है तेरे दर्दो-ग़म का मारा
जो न था उसे गंवारा वही हो गया नज़ारा।

१ उदासीनता २ प्रकाशमान ३ चिंगारी ४ संयोगवश ५ वातावरण, आकाश
६ प्रेमपात्र की दृष्टि ७ पृथक

जो डुबूया मौजे-ग़म ने तो समझ लिया उबारा
कि गरीके-इश्क़[१] होकर मुझे मिल गया कनारा।
हुईं उम्र भर ख़तायें कि न दिल पे था इजारा
कहूँ किस ज़बां से मालिक तेरी रहमतों[२] ने मारा।
वहीं दम ख़ुशी से निकले हो जहाँ तेरा इशारा
यही आर्ज़ूय-दिल है मेरी ज़ीस्त[३] का सहारा।
जो किसी ने हमको इशरत! दमे-रहरवी[४] पुकारा
सरे-मंज़िले-वफ़ा[५] था वही गैब[६] का इशारा।

(४१)

मिसरा – तुम्हारे आशिकों के पाँव में ज़ंजीर होती है।
शबे-फ़ुरक़त परिशानी जो दामनगीर[७] होती है
महब्बत की वो जीती जागती तस्वीर होती है।
निगाहे-गौर से देखी कोई हुस्ने-मजाज़ी[८] को
हक़ीक़त[९] दर हक़ीक़त दो रुखी तसवीर होती है।
गले मिलता था कोई, ईद थी, जश्ने-मसर्रत था
मगर देखें तो क्या इस ख़्वाब की ताबीर[१०] होती है।
तुझे रुसवा ज़माने में नहीं करते तमाशाई
तेरे जलवों से हर ज़ानिब तेरी तशहीर[११] होती है।

१ प्रेम-निमग्न २ दया दृष्टियाँ ३ जीवन ४ यात्रा के समय ५ प्रेम मार्ग में लक्ष्य स्थान पर ६ अदृश्य ७ पीछा करने वाली ८ सांसारिक सुन्दरता ९ सत्य, ईश्वर १० स्वप्न का फल ११ ख्याति

कभी ये आरज़ू दिल की कभी वो आरज़ू दिल की
मेरी दुनिया में आये दिन नई तामीर[1] होती है।
बजाते गाते हैं जिससे मिला कर साज़ दीवाने
वो मेरे पाँव की उतरी हुई ज़ंजीर होती है।
पिला दे घोल कर कोई मुझे ख़ाके-दरे-जानां[2]
मरीज़े ग़म के हक़ में ये दवा अकसीर होती है।
नज़र आता है जलकर शमअ के पहलू में परवाना
जहाने-इश्क में बादे-फ़ना तौकीर[3] होती है।
तसौवर[4] के लिये दमभर जो आँखें बंद करता हूँ
नज़र आता है कोई दूबदू[5] तकरीर होती है।
करें हम क्यों न दिल का एहतरामे-ख़ास[6] ऐ इशरत!
इसी आईने में तो हुस्न की तसवीर होती है।

(४२)

मिसरा – मैं और कहीं, मेरी नज़र और कहीं है।
इस शक्ल पे कायम निगहे-नाज़[7] नहीं है
चक्कर में जो है चर्ख तो गर्दिश में जमीं है।
दिल महवे-सनम[8] है कभी सिजदे में ज़बीं[9] है
काबा है कि बुतख़ाना मुझे होश नहीं है।

१ निर्माण २ प्रियतम के द्वार की धूल ३ सम्मान ४ ध्यान ५ आमने सामने ६ विशेष आदर ७ प्रियतम की दृष्टि ८ प्रियतम में लीन ९ मस्तक

झुक झुक के रहे शौक़ में मैं देख रहा हूँ
नक्शे -क़दमे-यार[1] है या नक्शे -जबीं[2] है।
अरमां न निकाला, न ख़लिश[3] तुमने मिटाई
काँटा था जहाँ पहले, अभी दिल में वहीं है
ये नक्शे-महब्बत है अजब दर्से-महब्बत[4]
उभरी जो ज़मीं पर मेरी तुर्बत[5] ज़मीं है।
इसमें नज़र आती है मेरे दिल की तबाही
तक़दीर की तहरीर तेरी चीने-ज़बीं[6] है।
जायेगा कहाँ दिल से निकल कर ग़मे-जानां
घर भी है कहीं तेरा, ठिकाना भी कहीं है।
तकलीफ़ो-मसयब[7] को वही दूर करेगा
जब राम नहीं दिल में तो आराम नहीं है।
ज़ालिम की ख़मोशी भी है इक तुर्फ़ा मुअम्मा[8]
इंकार नहीं, मिलने से इकरार नहीं है।
परदेस हो या घर हो, चमन हो कि बियाबां
मौजूद जहाँ तू है वहीं खुल्दे-बरीं[9] है।
तुम कूचये-जानां[10] से कहाँ जाओगे इशरत !
राहत है यहीं, लुत्फ़ यहीं, चैन यहीं है।

१ प्रियतम पग-चिन्ह २ मस्तक-चिन्ह ३ जलन ४ प्रेम-शिक्षा ५ समाधि ६ मस्तक संकोच ७ दुःख तथा विपत्ति ८ रहस्य ९ स्वर्ग १० प्रियतम की गली

(४३)

वही तूमारे-ग़म[१] हंगामये-आज़ारो-शर[२] देखा
तेरी महफ़िल में आलम हश्र का शामो-सहर देखा।
जो बरसों आंसुओं से सींच कर शामो-सहर देखा
तो नख्ले-आरज़ू[३] में समरये-वर्गों-समर[४] देखा।
क़यामत-खेज़[५] ऐसी थीं दिले-मज़लूम की आहें
ज़मीनो आसमां को बारहा ज़ेरो-ज़बर[७] देखा।
किया तर्के-वफ़ाओ-इश्क मैंन बाहा नासेह
मगर दिल को अदाओ-हुस्न से शीरो-शकर[८] देखा।
बरंगे-गुल मेरे पहलू में इक इक ज़ख्म खन्दां है
ये तुमने किस नज़र से जानिबे करबों-जिगर देखा है
किसी ने ग़म में दे दी जान, कोई ग़म में जीता है
फ़िसाना इश्क को-उलफ़त का तविलो-मुख्तसर[१०] देखा।
ज़माने में निराला हुस्न वालों का ज़माना है
अलग इनका खुदाई भर में हमने कर्रो-फर[११] देखा।
कभी ताबानिये-उल्फ़त[१२] कभी तारीकिये-हसरत[१३]
दिखाया जो मुक़द्दर ने उसे शामो-सहर देखा।

१ दुःख समूह २ संताप तथा उपद्रव का झगड़ा ३ कामना वृक्ष ४ पत्ती तथा फलरूपी परिणाम ५ प्रलयकारी ६ संतप्त हृदय ७ नीचे ऊपर अर्थात अस्त व्यस्त ८ लीन ९ पुष्प सदृश १० विस्तृत तथा संक्षिप्त ११ गौरव, शान १२ प्रेम-प्रकाश १३ निराशा का अंधकार

मेरे सैयाद ! इस मेहमां नवाज़ी से है क्या हासिल
तेरे घर में जिसे देखा उसे बेबाला-पर[१] देखा।
हिरासां कर सके न दिल को न अज़ारा हवादरामा[३]
कि हर नैरंगिये-आलम[४] का बेखौफ़ी खतर देखा।
ये मेरी कामयाबी का सोखन में राज़ है इशरत !
निगाहे-मेह्र[५] से यारों ने हर ऐबो-हुनर देखा।

(४४)

मिसरा- जिन्दगी काहे को थी ख़्वाब था दीवाने का

इब्रत-अंगेज़[६] मुरक्का[७] किसी दीवाने का
यही लिक्खा गया उनवां[८] मेरे अफ़साने का।
गर्म रफ़्तार, गुम इदराक[९], गरेबां सदचाक[१०]
कूचये-इश क़ में आलम है ये दीवाने का।
बेतलब साग़रे-सहबा[११] मुझे मिल जाता है
बोलबाला रहे साक़ी तेरे मयखाने का।
आप नाहक मुझे जीने की दुआ देते हैं
क्या इरादा है अभी और सितम ढाने का।
आ गया बेखुदिये-शौक[१२] में शिकवा लब पर
खुल गया आज भरम आपके दीवाने का।

१ पंखविहीन २ निराश ३ दुःख तथा विपत्ति ४ संसार के परिवर्तन ५ कृपा दृष्टि ६ शिक्षाप्रद ७ चित्रण ८ शीर्षक ९ चेतना १० सौ टुकड़े ११ मधुपात्र १२ प्रेमोन्माद

ज़र्रा ज़र्रा अभी कहता है कहानी ग़म की
कैसे के दम से बड़ा नाम है वीराने का |
होश होता तो कुछ आपस में वो कहते सुनते
राज़ क्योंकर खुले दीवाने पे दीवाने का |
रूबरू अपने बिठा कर उसे कहिये सुनिये
है क़रीना यही दीवाने को समझाने का |
देके दिल दोस्त को पाबन्दे-रज़ा[२] हूँ इशरत !
ध्यान मझको नहीं उल्फ़त में सिला[३] पाने का |

(४५)

मौसमे-गुल में न क्यों क़स्द[४] हो मैख़ाने का
है तमन्ना कि समां देख लूँ पैमाने का |
रात दिन बादा-परस्ती[५] में बसर की साक़ी
मुझसे पैमां[६] नहीं टूटा कभी पैमाने का |
बज़्मे-रिन्दा[७] में थी इन्साफ़ पे साक़ी की नज़र
ज़र्फ़ देखा किया एक एक के पैमाने का |
हक़ तो ये है न बहकते न अनलहक़ कहते
ज़र्फ़े-मंसूर[१०] जो होता मेरे पैमाने का |
दह्र में उससे बड़ी धूम थी मयखाने की
नाम चलता रहा चलते हुये पैमाने का |

१ मजनूं (विख्यात दीवाना) २ इच्छा-बद्ध ३ बदला ४ प्रस्थान का विचार ५ मदिरा-पान का अनुरक्त ६ प्रतिज्ञा ७ मदिरा-पान की सभा ८ माप ९ 'अहं-ब्रह्म' जो मंसूर ने कहा था १० मंसूर के मधु-पात्र का माप

आज बदली नज़र आती हैं निगाहे-साक़ी
नहीं अंदाज वो पैमाने में पैमाने का।
मौसमे-गुल अगर आया तो अजब आलम था
तौबा[1] शर्मा गई मुँह देख के पैमाने का।
चश्मे-साक़ी की क़सम कैफ़[2] से मामूर[3] है दिल
रंग देखे कोई इस छोटे से पैमाने का।
आज साक़ी ने जो मैख़ाना लुढाया इशरत!
निकला रिन्दों में न कोई मेरे पैमाने का।

(४६)

मिसरा- न निकलेंगे मर कर भी हम आशियाँ से।

तुम्हे रात दिन काम है इम्तहां से
मिटाने को रोज़ दिल लाऊँ कहाँ से।
बहल जाओगे तुम मेरी दास्तां से
वहीं से है दिलचस्प छेडूँ कहाँ से।
दिले-ज़ार बढ़ कर सबब पूछ लेना
नज़र आ रहे हैं वो कुछ बदगुमां[4] से।
सितम कोई तोड़ेंगे अहले-ज़मीं पर
वो करने लगे मशविरे[5] आसमां से।

१ न पीने की प्रतिज्ञा २ मस्ती ३ परिपूर्ण ४ रुष्ट ५ मंत्रणा

रहे-इसक़ में कौन साथी है दिल का
मुसाफ़िर है बिछड़ा हुआ कारवां से |
राबो-रोज़ चक्कर लगाती है बिजली
उसे किस क़दर लाग[१] है आशियाँ से |
न पूरी सुनो रंजो-ग़म की कहानी
सुनाता हूँ सुन लो यहाँ से वहाँ से |
गुलिस्ताँ में नाहक़ बनाया नशेमन[२]
बलायें उतरती हैं रोज़ आसमां से |
ज़माना सुनायेगा अपना फ़िसाना[३]
ज़रा कान भर लो मेरी दास्तां से |
मेरे दिल में रह कर मुझी से ये पर्दा
छुपाते हो क्यों राज़ तुम राज़दां[४] से |
वहीं से है आगाज़े-बाबे-तमन्ना[५]
उलटिये किताबे-महब्बत जहाँ से |
असर लेके अशआर कहता है इशरत
ये ज़ाहिर हुआ उसकी तर्ज़े-बयाँ[६] से |

१ प्रेम २ घोंसला ३ कहानी ४ रहस्य ज्ञाता ५ प्रेम प्रकरण का आरम्भ ६ वर्णन शैली

(४७)

ग़म है मगर खुशी नहीं है वो बराय नाम है
जैसी हमारी सुबह है वैसी हमारी शाम है |
जलवये-हुस्न हो कहीं सिजदे से मुझको काम है
दैरों-हरम हैं एक से दोनों का एहतराम[१] है |
आगे वो रक्खे आइना महवे-अदाओनाज़[२] है
मेरी गरज़ से क्या गरज़ काम से अपने काम है |
छाई है ग़म की तीर्गी[३] आई नज़र न रोशनी
शाम का ज़िक्र क्या करूँ सुबह भी मेरी शाम है |
सुन रहे हैं अज़ल[४] से वो ग़म की तवील[५] दास्तां
अब भी ज़बाने-ख़ल्क[६] पर किस्सये-नातमाम[७] है |
कोई लूंढा रहा है खुम[८] कोई है बेनयाज़े-जाम[९]
साकिये-बज़्म क्या यही बज़्म का इंतज़ाम है |
रिन्दों के साथ साथ ज़ाहिदे-पाकबाज़[१०] भी
मैकदे में ज़रूर आज दावते-खासो-आम है |
मेरे फिरेंगे दिन कभी, होंगे कभी वो मेह्रबां
ये भी ख्याले-खाम[११] है, वो भी ख्याले-खाम है |
आपकी चश्मे-मस्त से दिल को मिली हैं मस्तियाँ
और ही बादा-कश[१२] हूँ मैं और ही मेरा जाम है |

१ आदर २ हाव भाव में मग्न ३ अंधकार ४ आदिकाल ५ विस्तृत ६ संसार की जिव्हा पर ७ अपूर्ण कथा ८ मधु-घट ९ मधु-पात्र से रहित १० पवित्र भक्त ११ असत्य विचार १२ मधु पान करने वाला

पूछ रहा है दिल मेरा हाल जफ़ाए-यार[१] का
शुक्र है शामे-बेकसी[२] कोई तो हमकलाम[३] है।
ग़म से कभी जला जला, ग़म से कभी बुझा बुझा
दिल ही चराग़ो-सुबह है, दिल चराग़ो-शाम है।
इशरते-शादकाम[४] क्यों पहुंचे न बज़्मे-नाज़[५] में
इनको जो उनसे है गरज़, उनको भी इनसे काम है।

(४८)

मिसरा- हमारे दिल में है क्या बात कोई क्या जाने।
अभी हैं बंद लिफ़ाफ़े में ग़म के अफ़साने
हमारे दिल के मसायब ज़माना क्या जाने।
अदाये-ख़ास के असरार[६] कोई क्या जाने
वही नज़र है किसी की, नज़र जो पहचाने।
पिलाने वाले तो बदले न बदले मयखाने
वही है खुम, वही शीशे, वही हैं पैमाने।
सरिश क-ग़म[७] नहीं आँखों में गौर से देखो
लहू के रंग में डूबे हैं ग़म के अफ़साने[८]।
वबाले-जां[९] न हो क्यों ज़ीस्त[१०] ऐसी दुनिया में
जहाँ सतायें यगाने ही बन के बेगाने।

१ मित्र की क्रूरता २ विरह रैन की संध्या ३ साथ वार्तालाप करने वाला ४ सफल कामना ५ प्रियतम की सभा ६ रहस्य ७ रक्तमय आंसू ८ कहानियाँ ९ दुःखपूर्ण १० जीवन

वो पूछते हैं तरे गिरिया[1] का सबब क्या है
छलक न जायें कहीं मेरे ग़म में पैमाने।
रहे ये शक्ले-अक़ीदत[2] तो कुफ़्[3] ईमां[4] हो
खुदा बने कोई बुत को अगर खुदा माने।
ये खौफ़ है कहीं ढायें न और ताज़ा सितम
वो कर रहे हैं करम आज क्यों खुदा जाने।
नज़र नज़र में तेरे जलवों की है रानाई[5]
ज़बां ज़बां पे हैं इश्क़ो-वफ़ा के अफ़साने।
उसी की मर्ग[6] उसी की हयात ऐ इशरत!
जो मौत ही को महब्बत में ज़िन्दगी जाने।

(४९)

मिसरा- दर्द की बेचैनियाँ देंगी सुकूने दिल मुझे।
राहे-उल्फ़त में कमाले-ज़ज्ब[8] हो हासिल मुझे
खींच लूँ मंज़िल को मैं या खींच ले मंज़िल मुझे।
खूगरे-ग़म[9] हो के हासिल है सुकूने-दिल[10] मुझे
ज़िन्दगी की कोई मुश्किल अब नहीं मुश्किल मुझे।
इश्क़ में मिट कर है हासिल इश्क़ का हासिल मुझे
अब नज़र आता है दिल का ज़र्रा ज़र्रा दिल मुझे
शीशये-दिल है शराबे-इश्क़ से छलका हुआ
अपनी बज़्मे-नाज़ में कर लीजिये शामिल मुझे।

१ रुदन २ विश्वास का रूप ३ मूर्ति पूजा ४ धर्म ५ सुन्दरता, छवि ६ मृत्यु ७ जीवन ८ पूर्ण आकर्षण ९ दुःख में सहनशीलता १० हार्दिक शान्ति

मैं किसे हमदर्द जानूं, किसको समझूं मैं रफ़ीक
दिल दिया जिसको नज़र आया वही कातिल मुझे।
क्यों न सीने में चुभे, क्योंकर न दिल में हो ख़लिश[1]
तीरो-नश्तर से सिवा है आरज़ूये-दिल[2] मुझे।
सहते सहते रंजो-ग़म दिल हो इज़ापसंद[3]
बाइसे-आराम है अब सख्तिये-मंजिल मुझे।
जो थे बुज़दिल डर गये वो ग़म की मौजे देख कर
गर्के-बह्रे-इश्क़[4] हो कर मिल गया साहिल मुझे।
छेड़ता है इसको दस्ते-नाज़ से जिस दम कोई
लह्ने-दाऊदी[5] सुना देता है साज़े-दिल[6] मुझे।
राहतो-सैरो-मसर्रत[7] जो यहाँ है वो कहाँ
बाग़े-जन्नत से है बढ़कर आपकी महफ़िल मुझे।
दिल उसी ग़म में इशरत ! है अज़ल से बेक़रार
कर दिया जिसने खंदगे-नाज़[9] से बिस्मिल[10] मुझे।

(५०)

मिसरा – नज़र आई चेहरों पे सब के बहाली।
ज़मीं से अनोखी फ़लक से निराली
खुदा ने महब्बत की बुनियाद डाली।
क़दम उठ रहे हैं मेरे सूय-सहरा
चमन में है शायद बहार आने वाली।

१ जलन २ मनोकामना ३ दुःखप्रेमी ४ प्रेम सिन्धु में डूबना ५ आनन्दमय राग ६ हृदय तंत्री ७ विश्राम, विहार तथा आनंद ८ आदिकाल ९ प्रेमबाण १० घायल

खिले दिल में सौ दाग़हायें-महब्बत
हुआ कब चमन मेरा कब फूलों से ख़ाली।
वो देखा जो क़िस्मत ने मुझको दिखाया
कभी सरबलन्दी[1] कभी पायमाली[2]।
तरीक़े-वफ़ा[3] में ये था अपना शेवा
मुसीबत जो आई खुशी से उठा ली।
जवानी की वक़अत कोई हमसे पूछे
ये फिर कर दोबारा नहीं आने वाली।
मेरे घर अगर इत्तफ़ाक़न वो आयें
मिलूं उनसे होली, मनाऊं दीवाली।
मेरी उनसे क्योंकर निभेगी महब्बत
इधर बेक़रारी, उधर लाउबाली[4]।
बढ़ी बेक़रारी जो हद ज़ियादा
कलेजे से तसवीर उनकी लगाली।
मेरा दिल है ऐसे का दीवाना इशरत!
कभी जिसकी सूरत न देखी न भाली।

१ उत्थान २ पतन ३ प्रेम-मार्ग ४ बेफ़िक्री, असावधानी

www.ingramcontent.com/pod-product-compliance
Lightning Source LLC
Chambersburg PA
CBHW060655030426
42337CB00017B/2637